도쿄식 ○ 홈카페

일러두기

o 1컵=200mL, 1큰술=15mL, 1작은술=5mL(1mL=1cc), 소금 한 꼬집은 약 1g으로 계량하고 있습니다.
o 달걀은 특별한 표기가 없는 경우 실온에 둔 중간 크기의 것(전체 약 60g, 노른자 약 20g, 흰자 약 40g)을 사용하고 있습니다.
o 생크림은 동물성 지방이 45~47%인 것을 사용했습니다.
o 설탕은 비트 그래뉴당을 사용했으며 그래뉴당 또는 백설탕도 사용 가능합니다.

ATARASHIKUTE OISHII NIHONCHA RECIPE by Setsuko Honma
Copyright © 2018 by Setsuko Honma
All rights reserved. No part of this book may be reproduced in any form without the written permission of the publisher.
Original Japanese edition published in 2018 by SEKAI BUNKA PUBLISHING INC., Tokyo.

This Korean language edition is published by arrangement with
SEKAI BUNKA PUBLISHING INC., Tokyo in care of Tuttle-Mori Agency, Inc., Tokyo
through Korea Copyright Center Inc., Seoul.

이 책은 (주)한국저작권센터(KCC)를 통한 저작권자와의 독점계약으로 열린과학 & 열린세상 에서 출간되었습니다. 저작권법에 의해 한국 내에서 보호를 받는 저작물이므로 무단전재와 복제를 금합니다.

낯설지만 궁금한
일본차 심플 레시피
㊼

도쿄식 ○ 홈카페

혼마 세츠코 지음
김정미 옮김

열린세상

일본차의 새로운 매력을 느껴보시겠습니까?

과자 교실을 시작하기 전에 우연히 일본차 지식이 많은 흥미로운 찻집을 알게 되어 일본차를 배울 수 있는 기회를 얻었습니다. 찻집 관계자 분이 일본차 인스트럭터 자격 검정 제도를 만드신다는 이야기를 듣고 일본차를 더 깊이 알고 싶었고, 과자 만드는 일에도 도움이 되리란 생각에 일본차 인스트럭터 자격을 취득했습니다.

그로부터 10여 년이 지나 일본차 인스트럭터를 만든 일본차업계의 몇몇 분이 새로운 일본차 품평회 〈TOKYO TEA PARTY〉를 개최하셔서 2013년부터 돕게 되었습니다. 새로운 일본차 발굴과 소비자가 맛있다고 생각하는 차를 평가하는 〈TOKYO TEA PARTY〉에 참여하다 보면 새로 만들어지는 차의 경향이나 선호하는 차의 변화를 느낄 수 있습니다.

일본차의 매력을 느끼고, 지금 이 시대에 맞는 일본차를 다양하게 즐기는 법을 과자를 만드는 저만의 시점으로 전하고 싶은 마음에 이 책을 만들게 되었습니다.

저는 일본차를 정성들여 우려서 맛있게 즐기는 걸 중요하게 여깁니다. 그만큼 가장 맛있을 때 마시고 싶다고 생각합니다.

'물을 끓이고, 적당한 온도로 식혀 다관茶罐으로 우리고, 마신 뒤에 찻잎을 버린다.'

바쁜 일상 속에서 이 심플한 작업으로 때로는 무한히 흐르는 시간을 느낄 수도 있겠죠. 하지만 차를 개봉하고 어느새 한 달이라는 시간이 지나면 맛도 향도 변하는 경우가 있습니다. 그럴 때는 기분을 바꿔 다른 관점에서 일본차를 즐기고 싶다는 생각이 들었습니다. 그래서 감귤을 시작으로 계절을 느낄 수 있는 소재와 곁들이거나, 차갑게 해서 디저트처럼, 따뜻하게 해서 몸도 마음도 따스하게, 때로는 통째로 먹을 수 있는 레시피를 만들었습니다. 이렇게 다양한 레시피로 일상에서 일본차의 새로운 매력을 느끼고 있습니다. 이 책을 통해서 일본차의 새로운 매력을 느끼고 생활 속에서 함께해 주시면 더할 나위 없이 기쁠 듯합니다.

혼마 세츠코

○ 목차

일본차의 새로운 매력을 느껴보시겠습니까?   4

1 ─── 일본차의 종류에 대해서   12

2 ─── 차 우리기의 기본   20

3 ─── 일본차 심플 레시피

    ① 탄산수를 더해   24

    ② 허브를 곁들여   28

    ③ 감귤을 곁들여   32

    ④ 감미료를 더해   36

    ⑤ 우유＆두유를 더해   40

    ⑥ 얼려서   44

    ⑦ 술을 더해   48

    ⑧ 끓이지 않은 물에 우려서   52

4 ─── 센차 레시피

    센차 파인애플 티   56

    센차 젤리   58

    센차 스무디   60

    센차 플로트   62

    화이트 초콜릿 풍미의 센차 밀크   64

    벚꽃 센차   66

    센차와 자몽 믹스 젤리   68

    시트러스 티   70

    금목서 시럽 차   70

    유자 센차   72

5 ― 호지차 레시피

커피 호지차	76
두유 밀크 팥 호지차	78
진저 밀크티	80
차이	80
진저에일 호지차	82

가지고 있는 차로 색다르게 즐길 수 있는 작은 수고 … 84

6 ― 맛차 레시피

맛차 바나나 셰이크	88
맛차 밀크 젤리 & 밀크 맛차 젤리	90
딸기 밀크 맛차	92
맛차 소다	94
맛차 핫초콜릿	96
맛차 라테	96

7 ― 일본 홍차 레시피

오렌지 아이스티	100
비파 홍차	102
금귤티	102
흑당 한천이 들어간 대만식 밀크티	104
딸기 밀크티	106
초콜릿 밀크티	106

8 ─ 일본차를 사용한 요리

끓이지 않은 물에 우려낸 차를 와인처럼

일본 홍차×스테이크와 감자튀김	110
가마이리세타마녹차×생선 소테	112
센차×커민 풍미의 양배추 키슈	114
호지차×쑥갓과 베이컨의 케이크 살레	116

호지차와 센차를 사용한 쌀 요리

호지차 오니기리	118
센차 리조또	120

교쿠로 찻잎을 사용한 요리

츠쿠다니	122
시라아에	122
포테이토 샐러드 토스트	124
한입 부침개	124

교쿠로에 대해서   126

9 ─ 혼마 세츠코가 일본차를 즐기는 방법

내가 애용하고 있는 다도구	130
기호에 맞는 차를 찾는 요령	133
맛있는 차를 병에 넣어 선물용으로	135
티백으로 맛있는 차를 더욱 가깝게	137

부록_혼마 세츠코가 주목하고 있는 일본차   138

I

일본차의 종류에 대해서

일본차란 일본에서 만들어지는 차 중에 참죽나무과의 동백나무 잎으로 만들어진 것을 일컫습니다. 일본차는 제다 방법, 부위, 가공, 산지, 품종 등의 특징을 조합해서 이름이 붙여지는 경우가 많습니다. 따라서 특징을 알아두면 차를 고를 때 도움이 됩니다.

　일본차는 제다 방법에 따라 외형도 맛도 바뀌기 때문에 주로 제다 방법에 따라 분류됩니다. 센차, 후카무시센차, 무시세타마녹차, 가마이리세타마녹차, 교쿠로, 텐차(맛차), 일본 홍차, 번차 등입니다.
　일본차의 제다 공정은 다음과 같습니다.

　차나무 재배 → 찻잎 따기 → 가열(증기로 찐다·가마솥에서 덖는다)해 산화발효 막기(살청) → 비벼 말리기(조유) → 힘을 줘서 비비기(유념) → 형태를 만들며 말리기(정유) → 말리기(건조) → 남아 있는 수분이나 형태 정리(완성)

　이 공정 중에 어느 한 부분이라도 변하면 완성되는 차가 달라집니다. 제다 방법과 달리, 센차와 교쿠로를 만들 때 골라내는 차의 부위에 따른 분류가 있습니다. 줄기를 모아 만든 쿠키차, 교쿠로의 줄기로 만든 카리가네, 센차나 교쿠로를 만드는 과정에서 잘게 부서진 찻잎 가운데 싹 부분만 모은 메차, 차를 만드는 과정에서 나온 찻잎의 가루를 모아 만든 코나차 등입니다. 또, 만든 차에 새롭게 다른 공정을 입혀 만든 호지차, 겐마이차 등도 있습니다.
　이외에 야메차, 치란차, 우지차, 시즈오카차, 사야마차 등의 산지 이름이나 야부기타, 사에미도리, 아사츠유, 츠유히카리, 베니히카리 등 차나무의 품종으로 표기 및 분류되는 것도 있습니다.
　이처럼 일본차에는 다양한 종류가 있고 각각의 향, 수색水色, 맛의 특징인 감칠맛, 단맛, 떫은맛 등에 차이가 있습니다.

이 책에서 사용한 차의 기본적인 특징을 소개합니다.

센차(普通煎茶, 전차)

차의 새순을 따서 찌고 살청한 뒤 비벼 말려 바늘처럼 뾰족하게 비틀어 꼬는 일반적인 방법으로 만든 차입니다. 단맛, 감칠맛, 떫은맛의 밸런스가 좋습니다. 품질이 좋은 센차는 약간 식힌 물로 우렸을 때 감칠맛이 늘어납니다. 수색은 황금색 또는 엷은 녹색으로 교토 등 간사이 지방에서 주로 마십니다.

후카무시센차(深蒸し煎茶, 푹 찐 센차)

센차보다 조금 더 쪄서 살청한 뒤 비벼 말려 가늘고 긴 막대기 모양으로 꼰 차입니다. 오래 찌면 섬유질이 파괴되어 잎이 잘게 부서집니다. 찻잎이 자잘하기 때문에 빨리 우러나는 만큼 깊이가 있고 농후합니다. 정성 들여 우리면 더할 나위 없이 맛있지만, 약간 식은 물로 내려도 잘 우러납니다. 수색은 짙고 깊은 녹색으로 간토, 시즈오카, 가고시마 등에서 선호하는 차입니다.

무시세타마녹차(蒸し製玉緑茶, 증제 옥록차)

찻잎을 찌고 살청하여 비벼 말린 굽은 형태의 차입니다. 달고 감칠맛이 있으며 담백해 최근 인기 있는 차입니다. 수색은 깊은 녹색이며, 나가사키나 사가 등에서 후카무시세타마녹차(푹 찐 증제 옥록차)로도 만들어 주목받고 있습니다.

가마이리세타마녹차(釜炒り製玉緑茶, 덖음차)

찻잎을 가마솥에서 덖어 살청하고 비벼 말린 굽은 형태의 차입니다. 표면은 약간 하얗게 보입니다. 확 퍼지는 달큰한 향이며 깔끔한 맛입니다. 약간 뜨거운 물로 우리면 향이 더욱 진해집니다. 수색은 말갛고 예쁜 노란색입니다.

교쿠로(玉露, 옥로)

텐차처럼 차광막을 씌워 재배한 차나무의 찻잎을 센차와 같은 제다법으로 만든 차입니다. 짙은 녹색 바늘처럼 뾰족한 형태가 아름다운 교쿠로는 농후한 감칠맛과 단맛을 느낄 수 있습니다. 수색은 엷은 황녹색~녹색입니다.

호지차(ほうじ茶)

이미 만들어진 다양한 차를 볶아서 만든 차입니다. 구수한 향이 나며 카페인이 적어 마시기 좋습니다. 줄기만 모아서 볶은 호지차도 있습니다. 볶는 정도에 따라 색이나 깊이, 단맛에 차이가 생깁니다. 90도 이상의 뜨거운 물로 우리면 더 구수해지고, 차갑게 하면 산뜻하게 마실 수 있습니다. 수색은 갈색입니다.

일본 홍차(和紅茶)

찻잎을 딴 후, 산화발효시킨 찻잎을 사용하여 홍차를 제조하는 방법으로 만듭니다. 맛도 향도 달고 떫지 않으며 부드럽습니다. 수색은 아름다운 적녹색입니다.

번차(番茶, 반차)

지역에서 마시고 있는 각각의 식문화를 합한 차입니다. 간토 지역에서는 가격이 싼 하급 센차를 번차라고 하는 경우도 있습니다. 발효된 유산균을 포함하고 있어 산미가 있는 고이시차(고치)나 아와반차

(도쿠시마), 거품을 내 마시는 부꾸부꾸차(오키나와) 등 지역 특성에 따라 다양합니다. 카페인이 적기 때문에 많이 마실 수 있는 것도 매력적입니다. 수색은 갈색~녹색을 띕니다.

텐차(てん茶, 연차)

차광막을 씌워 재배한 차나무의 찻잎을 쪄서 그대로 말린 것입니다. 말린 그대로는 잘 팔지 않고, 맷돌로 갈아 가루로 만든 것이 바로 맛차(말차)입니다. 맷돌로 간 것은 입자의 형상이 복잡해지기 때문에 목 넘김이 좋고 맛에 깊이가 있습니다. 품질이 좋은 것은 더욱 달게 느껴지며 수색은 신선한 녹색입니다.

최근 주목 받기 시작한 것은 하나의 품종으로만 만든 품종차입니다. 지금도 대부분의 일본차는 '야부기타'라는 맛있고 키우기 쉬운 우수 품종으로 만들고 있습니다. 야부기타만으로는 모두 같은 차가 되어버리기 때문에 수확 시기를 달리하는 편이 좋겠다는 이유 등으로 전문기관에서 오랫동안 품종 개량에 힘을 써 다양한 품종을 만들고 있습니다. 그중에서 수색이 신선한 녹색, 쓴맛이나 떫은맛이 적은 콩 비슷한 향, 꽃향기, 과일이나 꿀 같은 향이 나기도 하는 등 맛과 색은물론 향에도 특징이 있는 차가 탄생했습니다. 사에미도리, 아사츠유, 유메와카바, 하루모에기, 후지가오리, 소후, 오쿠미도리, 츠유히카리, 베니히카리, 베니후키 등이 품종차로 주목받고 있으며, 덕분에 가정에서 즐길 수 있는 차의 폭도 넓어졌습니다.

저는 센차라면 꽃향기가 나는 '후지카오리'처럼 독특한 향이 나는 것, 후카무시센차라면 녹색이 예쁜 '사에미도리'라는 품종을 자주 사용합니다. 품종차에 흥미를 갖게 한 차이기도 하며, 우리기 쉽고 무엇보다 싱그러운 단맛을 좋아하기 때문입니다.

일본 홍차라면 '베니히카리'를 선호하는데, 부드러운 풍미가 과자와 잘 어울립니다.

차는 빛과 습기에 약하고 산화되기 쉽기 때문에 개봉하면 한 달 이내에 다 마시는 게 좋습니다. 저는 차를 개봉하면 일주일분을 차통에 넣고, 나머지는 밀봉해서 직사광선을 피해 서늘한 곳에 보관합니다.

개봉하지 않은 차를 봉지째 냉동하는 경우 냉장고에서 하루, 상온에서 하루 정도 두었다가 개봉하면 맛도 향도 그대로 즐길 수 있습니다.

한 번 마실 분량으로 조금씩 나눠 밀폐 봉지에 넣어 냉동하는 경우는 그대로 꺼내 바로 우려 마셔도 괜찮습니다.

다 마실 수 있을 만큼 구입해서 맛있을 때 전부 마시는 것을 추천합니다.

2

차 우리기의 기본

일본차를 맛있게 마시고 싶다면 일단 가장 기본적인 방법으로 우려 보는 걸 권합니다. 이 책의 레시피를 즐기는 데도 도움이 됩니다.

저는 물을 끓이고 각각의 차에 맞는 방법으로 정성스럽게 우리는 것에 특별히 신경 쓰는 편입니다.

물이 보글보글 끓어올라도 바로 불을 끄지 않고 줄여서 1분 정도 더 끓입니다. 그리고 식혀서 차를 우립니다. 찻잔 2잔 분량이 우리기 쉬우니 처음에는 레시피대로 2잔 분량으로 우려 보세요.

일본차는 높은 온도의 물로 내리면 향이 잘 우러나지만 떫은맛도 많이 나기 때문에 단맛과 감칠맛이 숨어 버립니다. 또한 물을 식혀서 낮은 온도로 우리면 향은 은은하게 나지만 떫은맛이 적어져 상대적으로 감칠맛이나 단맛이 강해지는 성질이 있습니다.

같은 차라도 우리는 물의 온도에 따라 맛이 달라집니다. 감칠맛이나 단맛이 있는 차가 좋은지, 쓴맛이나 떫은맛이 있는 차가 좋은지 자신의 취향을 알면 그에 맞게 우려 마실 수 있습니다.

레시피

(2잔 분량, 맛차는 1잔 분량)

차종	찻잎의 양	물의 온도와 양	침출 시간
센차	6g	80℃ 240mL	1분
후카무시센차	6g	80℃ 240mL	30초
무시세타마녹차	6g	80℃ 240mL	1분
가마이리세타마녹차	6g	80℃ 240mL	1분
호지차	6g	90℃ 240mL	1분
일본 홍차	6g	90℃ 240mL	1분
맛차	2g	물(상온)10mL+95℃ 50mL	

○ 정수기로 거른 수돗물이나 국산 또는 경도가 낮은 시판용 생수로 우리는 걸 권장합니다.
○ 팔팔 끓인 물은 95℃정도입니다. 컵 등에 옮겨 담을 때마다 5~10℃ 정도 온도가 내려가니 온도 조절할 때 적절히 이용하면 됩니다.

MEMO

차는 두 번 우려도 맛있게 마실 수 있습니다. 두 번째로 우릴 때는 처음 우릴 때보다 조금 높은 온도의 물을 준비해서 다관에 붓자마자 따라냅니다. 이미 찻잎이 풀어져 있기 때문에 다관의 뚜껑을 덮고 기다리시 않아도 됩니다. 차가운 차로 즐기고 싶을 때는 물의 양을 반으로 해서 진하게 우린 뒤 얼음을 가득 넣어 마십니다. 또는 52~53쪽을 참조해서 끓이지 않은 물로 우려도 됩니다.

센차 우리는 법

1. 다관에 뜨거운 물(약 90℃)을 붓는다. 다관을 예열하며 물의 온도가 내려간다.

2. 다관의 물을 찻잔으로 옮겨 찻잔을 예열하고 물의 양을 계량한다. 물의 온도도 더 내려간다(약 80℃). 다관에 남은 물은 버린다. (온도를 조금 더 낮춰 우릴 경우, 물을 식힐 그릇으로 옮겨 식힌다.)

3. 다관에 찻잎을 넣는다. (1잔만 우릴 경우 찻잎 3g, 뜨거운 물 120mL가 적당하지만 찻잔의 크기에 따라 가감한다.)

4. 찻잎을 넣은 다관에 2의 찻잔에 있는 뜨거운 물(지정된 온도가 중요)을 붓고 뚜껑을 덮은 뒤 침출 시간만큼 기다린다.

5. 준비한 찻잔에 조금씩 나눠 번갈아 따른다. 순서대로 조금씩 따르면 양과 농도가 균등해진다.

6. 마지막 한 방울까지 따른다.

맛차 우리는 법

맛차도 뜨거운 물을 붓고 뭉침 없이 풀어 줍니다.

1. 체로 친 맛차를 다완에 넣고 물(상온) 10mL를 붓는다.

2. 다선으로 잘 섞는다.

3. 95℃의 물 50mL를 붓는다.

4. 다선으로 거품을 낸다.

5. 표면에 고운 거품이 생기도록 젓는다.

3

일본차 심플 레시피

① 탄산수를 더해

다관에 뜨거운 물을 부어 찻잎이 풀어진 다음에 탄산수를 더하기 때문에 침출 시간에 관계없이 바로 차갑게 마실 수 있습니다. 은은한 풍미에 적당히 기분 좋은 탄산감이 입안 가득. 무알코올 맥주 같은 느낌으로 식사에 곁들여 즐겨도 좋습니다.

뜨거운 물을 넣고 찻잎을 천천히 풀어준다. (좌)
탄산수를 천천히 붓는다. (우)

재료 / 2잔 분량

차종	찻잎의 양	물의 온도와 양	탄산수(무가당)의 양
센차	6g	80℃ 20mL	200mL
후카무시센차	6g	80℃ 20mL	200mL
무시세타마녹차	6g	80℃ 20mL	200mL
가마이리세타마녹차	6g	80℃ 20mL	200mL
호지차	6g	90℃ 30mL	200mL
일본 홍차	6g	90℃ 20mL	200mL
맛차	4g	70℃ 40mL	200mL

우리는 법

1. 다관에 찻잎을 넣고, 뜨거운 물을 천천히 붓는다.
2. 찻잎이 천천히 풀어지도록 1분 동안(후카무시센차는 30초) 둔다.
3. 탄산수를 여러 번 천천히 나누어 붓고 1분간 둔다.
4. 한 번 저은 뒤 거름망으로 걸러 잔에 따른다. 기호에 따라 얼음을 넣는다.

○맛차의 경우
1. 다완에 체로 쳐낸 맛차를 넣고 뜨거운 물을 천천히 부은 뒤 다선으로 휘저어 푼다.
2. 탄산수를 천천히 부은 뒤 한 번 휘젓고 잔에 따른다. 기호에 따라 얼음을 넣는다.

MEMO

기분 전환을 하고 싶을 때 자주 마십니다. 탄산으로 깔끔하게 마시기 위해 설탕 등을 넣지 않습니다. 다르게 우리는 방법으로는 탄산수 페트병 냉침이 있습니다. 탄산수 페트병에 찻잎을 넣고 하룻밤 동안 냉장고에 넣었다가 거름망으로 거르는 방법입니다. 페트병에 찻잎을 넣기 전에 탄산수를 약간 덜어내야 합니다. 그러지 않으면 뚜껑을 열었을 때 넘칠 수 있으니 주의하시기 바랍니다. 또한 차를 균일하게 우리려고 병을 흔들기도 합니다만, 너무 흔들지 않는 게 좋습니다. 이렇게 우려도 적당히 기분 좋은 탄산감을 품은 차가 됩니다.

왼쪽부터 일본 홍차, 호지차, 맛차, 센차 →

② 허브를 곁들여

센차+시소

호지차+애플민트

센차+머위의 어린 꽃줄기

후카무시센차+딜

맛차+스피어민트

가마이리세타마녹차
+레몬밤

일본 홍차+산초

후카무시센차+레몬그라스

다관의 찻잎에
신선한 허브를 더해 우리면 끝.
상큼한 허브 향이 물씬 풍기지만
마시면 일본차!
신선한 맛이 조화를 이룹니다.

재료 / 2잔 분량, 맛차는 1잔 분량

차종	찻잎의 양	물의 온도와 양	침출 시간	허브
센차	4g	80℃ 240mL	1분	시소, 레몬그라스, 머위의 어린 꽃줄기
후카무시센차	4g	80℃ 240mL	30초	레몬그라스, 딜, 고수
무시세타마녹차	4g	80℃ 240mL	1분	시소, 소국
가마이리세타마녹차	4g	80℃ 240mL	1분	레몬밤, 로즈마리
호지차	5g	90℃ 240mL	1분	애플민트, 딜, 바질
일본 홍차	4g	90℃ 240mL	2분	산초, 캐모마일, 애플민트
맛차	2g	70℃ 100mL	-	스피어민트

우리는 법

1 다관에 넣을 허브는 2장 정도를 기준으로 듬성듬성 썬다(기호에 따라 늘려도 좋다). 먼저 자잘한 허브 잎을 잘라 잔에 넣는다.
2 다관에 찻잎을 넣고 준비해 둔 허브를 넣은 뒤 뜨거운 물을 붓고 30초~1분간 둔다.
3 자잘한 허브 잎을 넣은 1의 잔에 2의 차를 붓는다.

○ 맛차의 경우
1 미리 뜨거운 물에 허브를 넣어 향을 우려낸다.
2 물 온도가 내려가면 허브를 꺼낸다.
3 다완에 체로 쳐낸 맛차를 넣고 2의 물을 부어 다선으로 휘저어 푼다.

○ 허브는 향이 강한 것(산초, 머위의 어린 꽃줄기) 이외에는 4g이 적당하다.
○ 향이 강한 허브는 조금씩 넣고 상태를 본다.

③ 감귤을 곁들여

감귤 껍질을 찻잎에 더해 우립니다. 산뜻한 감귤 향이 스며들어 일본차의 감칠맛이 배가되는 것을 느낄 수 있습니다. 레몬, 유자, 카보스, 영귤, 귤, 금귤, 일향하, 포멜로 등 차와 감귤의 다양한 조합을 즐길 수 있습니다.

일본 홍차+귤

센차+금귤

후카무시센차+유자

호지차+영귤

> 재료 / 2잔 분량

차종	찻잎의 양	물의 온도와 양	침출 시간	감귤 껍질과 양
센차	4g	80℃ 240mL	1분	금귤 10g 유자 6g 레몬 6g
후카무시센차	4g	80℃ 240mL	30초	유자 6g 레몬 6g 포멜로 15g 일향하 15g
무시세타마녹차	4g	80℃ 240mL	1분	유자 6g
가마이리세타마녹차	4g	80℃ 240mL	1분	레몬 6g
호지차	5g	90℃ 240mL	1분	영귤 10g 레몬 6g 가보스 10g 유자 6g
일본 홍차	4g	90℃ 240mL	1분	귤 30g 금귤 10g 레몬 6g 오렌지 10g

> 우리는 법

1 찻잎과 준비한 감귤 껍질(하단 참조)을 다관에 넣는다.
2 잔에 넣을 감귤 껍질은 작게 깎아서 잔에 넣어 둔다.
3 감귤 껍질이 들어 있는 2의 잔에 3의 차를 붓는다.

○감귤 껍질의 사용법
1 감귤 껍질은 향이 나고 예쁘게 보이게 잘라서 씁니다.
2 칼로 얇게 깎는 것이 사용하기 쉽고 유자, 레몬, 오렌지, 가보스, 영귤, 일향하 등 어떤 것을 사용해도 좋습니다.
3 레몬, 오렌지 등은 채칼을 사용하면 동글동글한 나선형을 만들 수 있습니다.
4 일향하는 꼭지가 있는 부분의 안쪽이 쓴맛이 나므로 껍질을 벗기고 윗부분을 잘라낸 후 성냥개비 굵기로 채 씁니다.
5 금귤, 영귤 등은 통째로 얇게 자릅니다.
6 귤은 통째로 얇게 자르거나 껍질을 잘게 조각내서 띄웁니다.

1 레몬 2 오렌지 3 가보스 4 영귤 5 유자 6 금귤 7 일향하 8 귤 →

④ 감미료를 더해

피곤할 때 아주 약간 단맛을 더한 차를 마시면 노곤해지며 어딘가 그리운 맛이 납니다. 단맛을 더할 때는 흑당을 비롯해 사탕수수당, 꿀, 메이플 시럽, 라칸트, 콘덴스 밀크 등을 씁니다. 제가 좋아하는 차와 감미료의 조화를 소개하겠습니다.

후카무시센차+꿀   호지차+콘덴스 밀크

호지차+메이플 시럽　　　센차+사탕수수당　　　맛차+흑당

[재료 / 2잔 분량, 맛차는 1잔 분량]

차종	찻잎의 양	물의 온도와 양	침출 시간	감미료
센차	6g	80℃ 230mL	1분	사탕수수, 꿀, 설탕
후카무시센차	6g	80℃ 230mL	30초	꿀, 설탕, 사탕수수당
무시세타마녹차	6g	80℃ 230mL	1분	꿀
가마이리세타마녹차	6g	80℃ 230mL	1분	꿀
호지차	6g	90℃ 230mL	1분	메이플 시럽, 흑당, 와산본토(和三盆糖)*
일본 홍차	6g	90℃ 230mL	1분	콘덴스 밀크, 꿀
맛차	2g	80℃ 70mL	-	흑당, 꿀, 설탕, 라칸트

[우리는 법]

1. 다관에 찻잎을 넣는다.
2. 뜨거운 물을 천천히 붓고 30초~1분 정도 둔다.
3. 선호하는 감미료를 더해 잔에 따른다.

○ 맛차의 경우
  다완에 체로 쳐낸 맛차를 넣고 감미료를 더한 후 뜨거운 물을 천천히 붓고 다선으로 휘저어 푼다.

[MEMO]

차갑게 마시고 싶을 때는 뜨거운 물의 양을 반으로 해서 차를 진하게 우립니다.
감미료를 넣어 녹인 다음, 뜨거운 물의 양만큼 얼음을 넣어 차갑게 해서 잔에 따릅니다.

*입자가 곱고 당도가 높은 일본 고유의 고급 설탕

1 사탕수수당 2 메이플 시럽 3 꿀 4 흑당 5 설탕 6 와산본토 7 콘덴스 밀크 →

⑤ 우유&두유를 더해

호지차, 맛차, 일본 홍차와 우유 혹은 두유 블렌딩은 친숙해도 센차와의 블렌딩은 낯선 분들도 많을지 모르겠습니다. 센차의 감칠맛이나 쓴맛과 우유&두유의 조합을 꼭 즐겨보시길 바랍니다.

> 재료 / 2잔 분량, 맛차는 1잔 분량

차종	찻잎의 양	물의 온도와 양	침출 시간	우유 또는 두유의 양
센차	6g	80℃ 180mL	1분	60mL
후카무시센차	6g	80℃ 180mL	30초	60mL
무시세타마녹차	6g	80℃ 180mL	1분	60mL
가마이리세타마녹차	6g	80℃ 180mL	1분	60mL
호지차	6g	90℃ 180mL	1분	60mL
일본 홍차	6g	90℃ 180mL	1분	60mL
맛차	2g	80℃ 60mL	-	30mL

> 우리는 법

1 다관에 찻잎을 넣는다.
2 뜨거운 물을 천천히 붓고 30초~1분 정도 둔다.
3 70℃로 데운 우유(두유)를 더한다.

○맛차의 경우
  1. 다완에 체로 쳐낸 맛차를 넣고 뜨거운 물을 천천히 붓고 다선으로 휘저어 푼다.
  2. 70℃로 데운 우유(두유)를 더한다.
○우유(두유)는 데워서 거품기나 밀크 워머로 거품을 만들어 더하면 폭신폭신해 맛있다.

> MEMO

차갑게 마시고 싶을 때는 차를 얼음물이나 냉장고에서 차갑게 식힌 뒤 차가운 우유(두유)를 넣으면 됩니다.

1 후카무시센차+두유 2 맛차+우유 3 일본 홍차+두유 4 호지차+우유 5 가마이리세타마녹차+우유 →

⑥ 얼려서

위에서부터
가마아리세타마녹차
맛차
호지차
센차
일본 홍차

맛있게 우린 차를 비닐 팩이나 얼음 틀에 넣고 얼립니다. 이렇게 얼린 차에 잘게 부순 와산본토나 시럽을 뿌리면 산뜻한 디저트가 됩니다. 아이스크림을 곁들어 먹어도 맛있겠죠. 냉차에 띄우면 차도 엷어지지 않고 차갑고 맛있게 드실 수 있습니다. 손쉽게 만들고 저장할 수 있으니 꼭 만들어보시길 바랍니다.

왼쪽부터 후카무시센차, 맛차

재료 / 2잔 분량, 맛차는 1잔 분량

차종	찻잎의 양	물의 온도와 양	침출 시간
센차	6g	80℃ 240mL	1분
후카무시센차	6g	80℃ 240mL	30초
무시세타마녹차	6g	80℃ 240mL	1분
가마이리세타마녹차	6g	80℃ 240mL	1분
호지차	6g	90℃ 240mL	1분
일본 홍차	6g	90℃ 240mL	1분
맛차	4g	70℃ 100mL	-

우리는 법

1. 기본 차를 우리는 법으로 우린다(20~21쪽 참고).
2. 차를 스테인리스 믹싱 볼 등에 붓고 믹싱 볼의 바닥에 냉수나 얼음물을 대고 식힌다.
3. 얼음 틀이나 비닐 팩에 넣어 평평하게 해서 냉동실에서 얼린다.

MEMO

뜨거운 물로 우린 차를 얼리면 떫은맛이 나와 차다운 맛을 느낄 수 있습니다. 끓이지 않은 물에 우려낸 차 (52~53쪽 참조)를 얼리면 단맛이 나와 부드러워집니다. 얼음 틀 등으로 얼려 빙수기로 갈면 일본차 빙수가 됩니다. 얼음 틀에 얼린 것은 소다수나 우유에 띄워도 좋으며, 외출할 때 텀블러에 넣으면 적당히 녹아 시원하게 차를 즐길 수 있습니다.

⑦ 술을 더해

술에 차를 더한, 조금은 두근거리는 레시피를 소개합니다.

센차 진

센차를 진으로 우리면 예쁜 에메랄드그린이 되고(왼쪽), 탄산수를 넣으면 말간 황록색이 됩니다(오른쪽). 하룻밤 이상 두면 갈색으로 변하니 타이밍을 놓치지 말고 즐기세요.

맛차 맥주

차가운 맥주에 차가운 맛차를 붓습니다. 맥주의 쓴맛과 맛차의 감칠맛이 잘 어울리고, 알코올 도수가 내려가기 때문에 부담 없이 마실 수 있습니다.

센차 진

> **재료 / 1잔 분량**

센차 또는 가마이리세타마녹차 3g
진(기호에 맞는 것) 50mL
설탕 1/2작은술
(쓴맛을 좋아하면 넣지 않아도 무방)
무가당 탄산수 150mL(진의 약 3배)
블루베리 한 알
(블루베리 대신 영귤이나 레몬을 둥근 단면으로 썰어 올려도 좋다.)

> **우리는 법**

1. 유리병 등에 찻잎을 넣고 진을 부어 3시간 이상 (하룻밤까지) 두어서 색과 풍미를 추출한다.
2. 거름망으로 거른다.
3. 잔에 설탕을 넣고 2의 진을 붓는다.
4. 천천히 탄산수를 붓고 칵테일 핀에 블루베리를 꽂아 장식한다.

◦ 탄산수 대신 깔끔한 청포도 주스를 섞으면 달콤한 칵테일이 된다.

맛차 맥주

> **재료 / 1잔 분량**

맛차 2g
물 10mL
뜨거운 물 10mL
물 50mL
맥주 350mL

> **우리는 법**

1. 맛차를 거름망으로 체 쳐서 잔에 담는다.
2. 물 10mL를 붓고 다선으로 잘 푼다.
3. 뜨거운 물 10mL를 붓고 향을 내듯 다선으로 섞는다.
4. 남은 물 50mL를 넣고 다선으로 꼼꼼하게 섞어 거품을 낸다.
5. 맥주를 잔에 따른다.
6. 차갑게 만든 4의 맛차를 위에 살포시 붓는다.

센차 풍미의 사케

찻잎에 사케를 붓고 5분 정도 기다리는 것만으로 손쉽게 만들 수 있습니다.
감칠맛이 더해지고 맛이 부드러워집니다.

재료 / 2잔 분량

센차(후카무시센차) 6g, 사케 120mL
○깔끔한 맛의 사케를 추천
사진은 닷사이 준마이 다이긴죠 50 사용

우리는 법

1. 다관에 찻잎을 넣고 차가운 사케를 천천히 붓는다.
2. 차가 우러나도록 5분 동안 두었다가, 차가운 잔에 따른다.
3. 두 번째로 우릴 때도 같은 방법으로 사케를 붓고, 5분가량 두었다가 잔에 따른다.

MEMO

친숙한 '소주 오차와리お茶割'도 시중에서 판매하는 페트병 차가 아니라 좋아하는 차를 우려서 만들면 특별해집니다. 차갑게 마실 때는 끓이지 않은 물에 우려낸 차(52~53쪽 참조)로, 뜨겁게 마실 때는 다관으로 우린 차(20~21쪽 참조)와 소주를 취향에 맞는 비율로 섞어 마시면 됩니다.

⑧ 끓이지 않은 물에 우려서

냉장고에 넣어 우리면
부드러운 단맛이 있는 마시기 편한 냉차가 됩니다.
맛있게 만드는 비법은
조금 많은 양의 찻잎과 조금 긴 침출 시간.
차의 맛이 천천히 물속에 녹아듭니다.

위에서부터 가마이리세타마녹차, 일본 홍차, 호지차, 후카무시센차

레시피 / 만들기 쉬운 분량 · 약 5잔 분량

차종	찻잎의 양	물의 양	침출 시간(냉장고)
센차	10g	500mL	3시간~6시간
후카무시센차	10g	500mL	2시간~6시간
무시세타마녹차	10g	500mL	3시간~6시간
가마이리세타마녹차	10g	500mL	3시간~6시간
호지차	10g	500mL	6시간
일본 홍차	10g	500mL	3시간~6시간

└ 정수기로 거른 수돗물이나 국산 또는 경도가 낮은 시판용 생수로 우리는 걸 권장합니다.

우리는 법

1. 뚜껑이 있는 용기에 찻잎을 넣고 물을 붓는다.
2. 뚜껑을 덮고 냉장고에 넣는다.
3. 침출 시간이 지나면 찻잎을 한 번 섞은 뒤 거름망으로 거른다.
4. 냉장고에 넣어 보관하되 3일 안에 전부 마신다. (빨리 마실수록 맛있다.)

○ 침출 시간은 기호에 따라 조정합니다.
○ 작은 찻잎은 짧게, 큰 찻잎은 오래 우려냅니다.
○ 센차나 후카무시센차라면 1시간 후부터 마실 수 있지만 기본적으로 6시간 이상 우려야 제대로 맛이 우러납니다.

MEMO

이렇게 뜨거운 물을 사용하지 않고 우린 냉차의 좋은 점은 여러 가지가 있습니다.
사전에 준비할 수 있기 때문에 접대용으로 적당합니다.
예쁜 병에 넣어 선물하기에도 손색없습니다.
냉장고에 보존하거나 오랫동안 차갑게 두어도 수색이 탁해지지 않고 말갛게 유지됩니다.
냉장고에 두고 마실 것으로, 식사에 곁들이는 음료로 다양한 차를 즐겨보세요.
냉차를 만들고 남은 찻잎에 뜨거운 물 250mL를 약간 식혀서 붓고 1분 후 걸러냅니다. 깔끔한 차로 맛있게 즐길 수 있습니다.

4

센차 레시피

○ 센차 파인애플 티

글라스를 흔들면 달콤한 파인애플 과즙이 센차에 조금씩 녹아듭니다. 센차가 파인애플의 농후한 단맛을 깔끔하게 잡아주고 파인애플이 센차의 떫은맛을 부드럽게 하는 상승효과가 있는 조합입니다.

재료
(4잔 분량)

센차 8g
ㄴ 사진은 텐쿠노야마차 사용
뜨거운 물 200mL
얼음 적당량
파인애플(깍둑썰기 한 것 40g)
타임 2개
설탕 10g

만드는 법

1 글라스에 파인애플, 타임, 설탕을 넣고 섞는다.
2 다관으로 차를 우려 1에 붓는다.
3 얼음을 넣어 차갑게 한다.

tip. 끓이지 않은 물에 우려내어 만드는 경우는(52~53쪽 참조) 파인애플에 설탕을 묻혀 글라스에 넣고 차를 부어서 조금 재우면 맛이 배어 맛있습니다. 타임은 장식용으로 올리기도 하지만 입속을 개운하게 할 때도 도움이 됩니다. 민트 등으로 바꿔도 맛있게 즐길 수 있습니다.

○ 센차 젤리

너무 달지 않게, 냉차가 걸쭉하게 목으로 넘어가는 식감으로 만들어 봤습니다. 더운 날은 물론, 기운이 없거나 식욕이 없을 때 먹어도 좋습니다. 젤리 일부를 얼린 뒤 긁어내서 토핑처럼 올리면 더 시원하게 즐길 수 있습니다.

재료
(6잔 분량)

센차 10g
└ 사진은 코우슌 사용
뜨거운 물 350mL
펄아가 5g
설탕 20g
물 100mL

만드는 법

1 85~90℃의 뜨거운 물로 센차를 1분간 우린다.

2 냄비에 펄아가와 설탕을 넣고 섞은 뒤 물을 조금씩 넣으며 녹인다. 중불에서 가끔씩 저으면서 끓인다.

3 거름망으로 1을 걸러 넣고 섞는다.

4 1/4 정도의 양을 사각 용기로 옮겨 담고, 남은 것은 믹싱 볼에 붓는다.

5 사각 용기는 냉동하고, 믹싱 볼에 담은 젤리는 열기가 가시면 냉장고에 넣어 약 5시간 정도 식힌다.

6 글라스에 젤리를 담고, 얼린 젤리를 긁어내서 토핑한다.

tip. 차는 젤라틴으로 굳히면 우윳빛으로 탁해지지만, 펄아가를 사용해서 굳히면 제법 투명감이 있습니다. 또 매끄러운 식감이 독특하고 매력적이지요. 디저트로 드실 경우 과일을 곁들이거나 레몬 시럽, 삶은 팥 같은 단 것을 첨가하면 좋습니다.

○ 센차 스무디

멜론과 무시세타마녹차의 푸르름과 끓이지 않은 물에 우려낸 냉차에서 우러나오는 자연스런 단맛이 잘 어울리는 산뜻한 스무디. 여름에는 멜론으로, 초봄에는 자몽으로 만들어 보세요.

재료
(2잔 분량)

멜론 100g
민트 4장(1~2g)
설탕 2작은술
끓이지 않은 물에 우려낸
푹 찐 무시세타마녹차 150g(52~53쪽 참조)
  ㄴ거르기 전의 것을 한 번 섞어 찻잎째 계량해서 사용
  ㄴ사진은 오네지메산 사에미도리 사용
장식용 멜론 2조각

만드는 법

1 멜론은 2cm 정도로 잘라 냉동한다.
2 믹서에 민트와 설탕, 끓이지 않은 물에 우려낸 푹 찐 무시세타마녹차를 찻잎째 넣는다.
3 냉동해둔 멜론을 넣고 믹서로 간다.
4 글라스에 붓고 멜론 한 조각을 테두리에 장식한다.

tip. 더운 날 시원하게 마실 수 있는 스무디입니다. 오래 두면 수색이 변하기 때문에 만들어 바로 마시는 걸 추천합니다.

○ 센차 플로트

차가운 후카무시센차에 크림소다처럼 아이스크림을 올렸습니다. 차가 달지 않기 때문에 계속 먹을 수 있습니다. 아이스크림이 녹아 달달해진 정도가 제가 좋아하는 밸런스입니다.

재료
(2잔 분량)

후카무시센차 6g
└사진은 하츠쿠라 나마시아게(거친 차를 건조시켜 형태를 정리하고 정제하는 공정을 거친 차) 찻잎 사용
뜨거운 물 180mL
얼음 100g
바닐라 아이스크림 100g
체리 2개

만드는 법

1 후카무시센차를 우린다.

2 얼음을 넣은 용기에 1의 차를 붓고 차갑게 한다.

3 글라스에 2의 차를 따르고 얼음(분량 외)을 조금 넣고 아이스크림을 올린다. 기호에 따라 체리를 올린다.

tip. 차의 쓴맛을 내기 위해서 뜨겁게 우린 뒤 식힙니다.

○ 화이트 초콜릿 풍미의
　 센차 밀크

센차에 우유를 섞어 마시는 것도 좋아하기 때문에 추운 날에는 따끈하게. 따뜻한 차라면 화이트 초콜릿을 넣어 녹여서 밀키하게. 후카무시센차의 쓴맛도 진한 감칠맛도 부드러워지고 맛있어집니다.

재료
(2잔 분량)

후카무시센차 6g
└ 사진은 오네지메산 사에미도리 사용
물 50mL
우유 200g
화이트 초콜릿 30g
장식용 화이트 초콜릿(시판용 판 초콜릿) 약간
후카무시센차 약간(장식용)

만드는 법

1 냄비에 물을 붓고 끓인다. 물이 끓으면 찻잎과 우유를 넣고 데운다. 끓어오르기 전에 불을 끄고 화이트 초콜릿을 넣고 뚜껑을 덮는다.

2 30초 정도 두었다가 주걱 등으로 섞어서 화이트 초콜릿을 녹이고 거름망으로 거른다.

3 잔에 2의 차를 따르고 숟가락 등으로 긁어낸 화이트 초콜릿을 올리고 찻잎을 뿌린다.

tip. 숟가락 등을 이용해 화이트 초콜릿을 긁어냅니다.

○ 벚꽃 센차

벚꽃 소금절임, 뜨거운 물을 부은 벚꽃차에 아름다운 수색의 무시세타마녹차를 더하면 엷은 녹색 차에 엷은 핑크색 꽃잎이 둥둥 떠다닙니다.

재료
(2잔 분량)

무시세타마녹차 4g
ㄴ 사진은 야마기리 토쿠센고쿠죠인 사용
뜨거운 물 180mL
벚꽃 소금절임 4g
뜨거운 물 60mL

만드는 법

1. 벚꽃 소금절임은 물에 담가 소금기를 빼고 물기를 짜낸다.
2. 무시세타마녹차를 85~90℃의 물로 우린다.
3. 1의 벚꽃을 용기에 넣고 뜨거운 물 60mL을 붓는다.
4. 2의 차를 3에 붓고 찻잔에 나누어 따른다.

○ 센차와 자몽 믹스 젤리

자몽과 센차가 섞인 맛을 좋아합니다. 말랑한 젤리 차는 산뜻합니다. 글라스에
두 종류의 젤리를 담아 스푼으로 떠먹어도 스트로우로 마셔도 즐겁습니다.

재료
(만들기 쉬운 분량
약 8인분)

센차 젤리

무시세타마녹차 12g
ㄴ 사진은 소노기차 아사츠유 사용
뜨거운 물 350mL
펄아가 5g
설탕 40g
물 100mL

자몽 젤리

자몽 과즙 300g
꿀 15g
펄아가 5g
설탕 30g
물 100mL

만드는 법

1. 센차 젤리를 만든다. 80℃정도의 물에 1분간 차를 우려 거른다.
2. 냄비에 펄아가와 설탕을 넣고 섞으면서 물을 부어 녹인다. 중불에서 눌어붙지 않도록 주걱 등으로 저으며 끓인다.
3. 2에 1을 넣고 섞는다.
4. 사각 용기에 넣고 열기가 가시면 냉장고에서 약 5시간 동안 식혀 굳힌다.
5. 자몽 젤리를 만든다. 자몽 과즙을 짜서 거른 뒤 냄비에 넣고 꿀을 더한 뒤 중불에 올려 김이 날 때까지 끓인다.
6. 다른 냄비에 펄아가와 설탕을 넣고 섞으면서 물을 부어 녹인다. 중불에서 눌어붙지 않도록 주걱 등으로 저으며 끓인다.
7. 5에 6을 넣고 섞는다.
8. 사각 용기에 넣고 열기가 식으면 냉장고에서 약 5시간 동안 식혀 굳힌다.
9. 센차 젤리와 자몽 젤리를 글라스에 담는다.

tip. 자몽 과즙 대신 시판용 자몽 주스를 사용할 경우 알갱이가 없는 주스가 식감이 좋습니다. 이때 설탕의 양은 반으로 줄입니다.

○ 시트러스 티

막 우려낸 차의 맛이 강하게, 감귤 풍미는 은은하게 느껴집니다. 큰 병에 담아 냉장고에 넣어 두면 과즙이 점점 우러나 더욱 맛있어집니다. 영귤의 녹색이나 일향하의 노란색, 오렌지나 네이블 오렌지의 귤색이 노란 수색에 잘 어울립니다.

○ 금목서 시럽 차

대만을 여행했을 때, 금목서 꽃이 들어간 시럽을 탄 차를 마신 뒤로 쭉 금목서 시럽(사진 가운데)을 만들어 차에 곁들여 보려고 생각했습니다.(사진 왼쪽) 젤리나 행인두부(안닌도후)에도 곁들여 보시길 바랍니다.

| 시트러스 티

재료 (5잔 분량)	오렌지, 가보스, 일향하 등의 감귤 150g 끓이지 않은 물에 우린 가마이리세타마녹차 500mL 설탕 30g
만드는 법	**1** 감귤은 껍질째로 듬성듬성 잘라 설탕을 뿌린다. **2** 과즙과 감귤을 큰 유리병이나 글라스에 넣고 끓이지 않은 물에 우린 냉차를 붓는다.
Tip.	다양한 감귤이 나오는 겨울부터 봄에 큼직하게 잘라서 끓이지 않은 물에 우린 차에 더해 차갑게 합니다. 시간이 지나면 맛이 어우러져 과일 맛이 강해집니다.

| 금목서 시럽 차

재료 (2잔 분량)	가마이리세타마녹차 6g └ 사진은 다카치호 가마이리차 텐카 사용 뜨거운 물 240mL 금목서 시럽 1큰술
만드는 법	**1** 가마이리세타마녹차를 80~90℃의 물로 우린다. **2** 잔에 금목서 시럽을 넣고 차를 따른다.

금목서 시럽

재료(만들기 쉬운 분량)

금목서 100g, 물 300mL, 설탕 300g

만드는 법

1 꽃이 활짝 피기 전의 금목서를 따서 줄기나 이물질을 제거해 100g을 준비한다. 물로 깨끗이 씻어 물기를 빼고 말린다.
2 냄비에 물, 설탕, 금목서를 넣고 한 번 끓인다. 소독한 병에 넣고 탈기한 후 냉장고에서 보존한다.

○ 센차 젤리에 부어도 맛있습니다. 한잔의 차를 마시기 위해서 금목서의 개화를 기다리는 시간, 시럽을 만드는 시간, 차를 우리는 시간 모두 즐겁게만 느껴집니다.

---

tip.	금목서 시럽 대신 계화주를 끓여 알코올을 날린 것을 더해도 좋습니다.

○ 유자 센차

유자는 가마이리세타마녹차의 깔끔한 맛이나 구수한 맛, 부드러운 맛과 잘 어울리는 과일입니다. 또한 일본 차에 잘 맞기 때문에 잼으로 만들어 일 년 내내 즐기고 있습니다.

재료
(2잔 분량)

가마이리세타마녹차 6g
ㄴ 사진은 혼야마노카오리차 코슈 사용

뜨거운 물 260mL
유자잼 1잔당 약 2작은술

만드는 법

1 가마이리세타마녹차를 80~90℃의 물로 우린다.
2 예열한 잔에 유자잼을 넣고 가마이리세타마녹차를 따른다.

유자잼

재료(만들기 쉬운 분량)
유자 2개(정미 150g), 설탕 120g

만드는 법
1 유자는 껍질을 깨끗이 씻고, 8등분으로 자른다. 알맹이의 씨를 제거하고 큼직큼직하게 자른다. 씨는 차 우리는 티백에 넣는다. 껍질은 꼭지를 제거하고 가늘게 채 썬다.
2 물을 넣은 냄비에 껍질을 넣고 두 번 데친 뒤 깨끗한 물에 20분간 약불로 끓인다.
3 다른 냄비에 1의 유자 알맹이에 찰랑거릴 정도로 물을 붓고 씨가 들은 티백을 넣고 약불로 끓인다.
4 씨 티백을 꺼내고 3의 냄비에 2를 과즙째 넣고 섞는다. 설탕을 넣어 조린다. 약간 걸쭉해지고 보글보글 끓으면 불을 끈다.

---

tip.

겨울에 유자잼을 만들어 따뜻한 것이 생각날 때 차에 넣어 마시면 예쁜 색의 조합과 풍미를 즐길 수 있습니다.

5

호지차 레시피

○ 커피 호지차

볶은 것끼리는 잘 어울리지 않을까 하는 생각에 만든 레시피입니다. 호지차에 커피가 들어가 감칠맛이 납니다. 카페인을 줄여 산뜻하게 해서 마시기 쉽습니다.

재료
(2잔 분량)

호지차 6g
ㄴ 사진은 반半발효 호지차 사용
뜨거운 물 200mL
커피콩 15g
뜨거운 물 150mL

만드는 법

1 뜨거운 물 200mL로 호지차를 우린다.

2 뜨거운 물 150mL로 커피를 내린다.

3 잔에 호지차와 커피를 따른다.

tip. 사용하는 커피콩이나 호지차의 종류, 각각의 농도에 따라 맛의 차이가 생깁니다. 제가 가장 좋아하는 조합은 과테말라를 정성스레 내려 반발효 호지차와 섞은 것으로 일을 하거나 한숨 돌리고 싶을 때 마십니다. 시나몬을 뿌리거나 설탕이나 우유를 넣으면 감칠맛이 납니다.

○ 두유 밀크 팥 호지차

호지차 밀크에 팥을 넣어서 섞어 먹는 것을 좋아합니다. 밀크 초콜릿은 호지차와 잘 어울리기 때문에 더하면 맛이 깊어집니다.

재료
(2잔 분량)

호지차 6g
ㄴ 사진은 우지 호지차 사용
물 120mL
두유 140g
밀크 초콜릿 20g
삶은 팥 60g

만드는 법

1 냄비에 호지차와 물을 넣고 중불에서 끓인다. 끓기 시작하면 두유를 넣고 데운다.

2 김이 나기 시작하면 불을 끄고, 밀크 초콜릿을 넣은 뒤 뚜껑을 덮는다.

3 1분간 두었다가 섞어서 녹이고, 거름망으로 거른다.

4 예열한 잔에 따뜻한 삶은 팥을 넣고 3을 붓는다.

○ 진저 밀크티

꿀과 생강을 넣은 홍차를 좋아하기 때문에 호지차로도 만들어 봤습니다. 은은한 풍미를 풍기지만 생강을 듬뿍 넣어 알싸한 맛이 나므로 겨울에 잘 어울립니다.

○ 차이

고소하고 스파이시한데 우유의 부드러운 맛이 어우러지며 따뜻해집니다. 카페인이 적어 부담 없이 마실 수 있습니다. 호지차의 종류에 따라 풍미가 다소 다르지만 약간 깊은 맛의 호지차가 어울립니다.

| 진저 밀크티

재료 호지차 6g
(2잔 분량) ㄴ 사진은 반발효 호지차 사용

물 120mL, 우유(또는 두유) 120g, 갈아 놓은 생강 8g, 꿀 10g

만드는 법
1. 냄비에 호지차와 물을 넣고 중불에서 끓인다.
2. 끓기 시작하면 우유를 넣고 데워, 뚜껑을 덮고 잠시 둔다.
3. 예열한 잔에 생강과 꿀을 넣고 2를 따른다.

| 차이

재료 호지차 8g
(2잔 분량) ㄴ 사진은 고쿠죠 호지차 사용

물 120mL

스파이스
 - 카더멈 4개
 - 시나몬 스틱 1개
 - 클로브 4개
 - 생강 슬라이스 2장
 ㄴ 차이용 믹스 스파이스를 사용하는 경우는 1/2작은술

설탕 10g, 우유 120g

만드는 법
1. 냄비에 호지차와 물을 넣고 중불에서 끓인다. 끓기 시작하면 스파이스, 설탕을 넣고 약불에서 약 2분간 끓인다.
2. 우유를 넣고 데운다. 김이 올라오면 불을 끈다.
3. 거름망으로 걸러 예열한 잔에 따른다.

○ 진저에일 호지차

집에서 자주 만들어 먹을 정도로 최근 푹 빠져 있는, 고소하고 감칠맛이 있는 어른스러운 진저에일입니다. 호지차와 생강의 풍미가 무척 잘 어울립니다. 호지차로 진저 시럽을 만들기만 하면 끝이라 간단합니다.

재료
(만들기 쉬운 분량)

진저 호지차 시럽
호지차 8g
└ 사진은 우지 호지차 사용
물 350mL
생강 40g
사탕수수당 60g
무가당 탄산수(진저 호지차 시럽의 4배 분량)

만드는 법

1 진저 호지차 시럽을 만든다. 냄비에 큰 티백에 넣은 호지차, 물, 얇게 썬 생강, 사탕수수당을 넣고 중불에서 끓인다. 끓기 시작하면 약불에서 5분간 졸인다.

2 호지차 티백을 꺼내고, 유리병에 부어서 냉장고에서 식힌다.

3 글라스에 얼음, 2의 진저 호지차 시럽을 넣은 뒤 시럽의 4배 분량의 탄산수를 더한다.

tip. 기호에 따라 라임이나 영귤 즙을 짜 넣는다.

가지고 있는 차를 색다르게 즐길 수 있는 작은 수고

시중에서 팔지 않는 나만의 호지차와 겐마이차(현미녹차)를 만들어 즐겨 봅시다.

호지차 만들기

가지고 있는 차를 색다르게 즐기기 위해서 때때로 호지차를 만듭니다. 볶는 정도에 따라 약간 고소하게, 완전히 볶아 더 고소하게 할 수도 있습니다. 좀 오래된 차를 볶아도 좋습니다. 만드는 방법은 가지고 있는 찻잎을 한두 번 프라이팬 또는 질냄비에 펼쳐 불에 올리는 것뿐입니다. 한 번에 많이 만들면 시간도 걸리고 맛있을 때 다 우려 마실 수 없기 때문에 15g정도가 적당합니다. 마실 때는 90℃ 정도의 물에서 살짝(30초~1분) 우립니다.

재료

센차 찻잎 15g(정미)

만드는 법

1 찻잎을 체로 쳐서 체에 남은 찻잎으로만 만듭니다. 체에서 걸러진 찻잎은 잘게 부서진 것으로 열이 쉽게 전달되어 잘 타버립니다. 자잘한 찻잎을 거르면 균일하게 볶을 수 있습니다. 전부 작은 찻잎일 경우 타지 않도록 주의해서 볶습니다.

2 프라이팬(혹은 질냄비)에 찻잎을 고르게 깔고 강불에서 볶습니다. 프라이팬의 바닥이 불길에 살짝 닿을 정도의 높이에서 앞뒤로 흔들어 줍니다. 약간 시간이 걸리지만 이렇게 천천히 볶아야 찻잎 전체에 균일하게 열이 전달됩니다. 찻잎의 녹색이 옅은 갈색이 되고 구수한 냄새가 나기 시작하면 불을 끕니다.

겐마이차 만들기

센차나 호지차에 현미를 더해 우리면 수제 겐마이차가 됩니다. 시판용 볶은 현미를 구할 수 있으면 좋아하는 차로 겐마이차를 만들 수 있습니다.

현미는 오차즈케나 오시루코(일본식 팥죽)의 토핑용으로도 쓸 수 있으니 여러모로 쓰임새가 좋습니다. 최근에 차를 있는 그대로 우려 마시고 두세 번에 걸쳐 다시 우릴 때 다관에 현미를 넣어 완전히 다른 풍미를 즐길 수 있게 해주는 카페를 발견했습니다. 이렇게 색다른 방법으로 차를 즐길 수 있다는 데 많이 놀랐습니다.

현미는 개봉 후 2주 안에 다 사용하는 것을 권장합니다. 사용하기 전에 프라이팬에 볶으면 향이 납니다. 작은 수고로움이지만 집 안에도 맛있는 냄새가 퍼져 기분이 좋아지고 손님 앞에서 볶는 것도 즐겁습니다. 우선은 찻잎과 같은 양을 기준으로 다관에 넣어주세요. 현미의 양은 기호에 따라 더하거나 덜어냅니다.

현미를 프라이팬으로 볶는다. (좌)
찻잎과 현미는 같은 양으로 준비한다. (우)

6

맛차 레시피

○ 맛차 바나나 셰이크

바나나의 달콤함에 맛차도 돋보이는, 저칼로리 영양 만점 든든한 드링크입니다. 다이어트 음료로 마실 때는 우유 대신 두유를 넣어도 좋습니다.

재료
(2잔 분량)

바나나 100g(정미)
맛차 2g
└ 사진은 와코 사용
뜨거운 물 10mL
냉수 60mL
우유 100g
장식용 바나나 적당량

만드는 법

1. 바나나를 1cm의 두께로 잘라 얼린다.
2. 맛차를 체로 쳐낸 뒤 뜨거운 물 10mL를 붓고 섞는다. 향이 피어오르기 시작하면 냉수를 붓고 고운 거품이 일어나도록 격불*한다.
3. 2의 맛차, 우유, 1의 바나나를 믹서에 넣고 간다.
4. 3을 잔에 따르고 기호에 따라 바나나를 장식한다.

* 다선을 빠르게 위아래로 움직여 부드러운 거품을 내는 것

○ 맛차 밀크 젤리 & 밀크 맛차 젤리

마시면서 먹는, 음료지만 디저트로도 즐기는 디저트 드링크입니다. 맛차에 밀크 젤리, 코코넛 밀크에 맛차 젤리의 조합이 맛있습니다.

| 맛차 밀크 젤리

재료	밀크 젤리(약 4인분)	냉맛차(2잔 분량)
	우유 150g	맛차 2g, 설탕 10g
	펄아가 2.5g	물 10mL, 뜨거운 물 60mL
	설탕 10g, 물 50mL	얼음 80g

만드는 법

1 냄비에 우유를 넣고 데운다(끓이지 않는다).

2 다른 냄비에 펄아가와 설탕을 넣고 섞은 뒤 물을 붓고 잘 녹인다.

3 중불에서 잘 저으면서 끓이고, 1의 데운 우유를 넣고 잘 섞는다.

4 사각 용기에 붓고, 식으면 냉장고에 넣어 굳힌다.

5 적당한 용기에 체로 쳐낸 맛차, 설탕, 물을 넣고 잘 갠다. 뜨거운 물을 부어 맛차를 만든 뒤 얼음을 넣어 차갑게 식힌다.

6 5의 냉맛차를 글라스에 따르고 4의 밀크 젤리를 담는다.

| 밀크 맛차 젤리

재료	맛차 젤리(약 4인분)	코코넛 밀크(2잔 분량)
	맛차 2g(사진은 와코 사용)	코코넛 밀크 파우더 10g
	뜨거운 물 150mL, 물 50mL	뜨거운 물 160mL
	펄아가 2.5g, 설탕 10g	설탕 10g, 우유 100g

만드는 법

1 믹싱 볼에 체로 쳐낸 맛차를 넣고 뜨거운 물을 붓고 다선으로 격불한다.

2 펄아가와 설탕을 냄비에 넣고 잘 섞은 뒤 물을 부어 녹인다.

3 중불에서 잘 저으면서 끓이고, 1을 넣고 잘 섞는다.

4 사각 용기에 붓고, 식으면 냉장고에 넣어 굳힌다.

5 믹싱 볼에 코코넛 밀크 파우더를 넣고 뜨거운 물로 녹인 뒤 설탕을 넣고 식힌다. 우유를 붓고 잘 섞어 코코넛 밀크를 만든다. 코코넛 밀크를 글라스에 따르고 4의 맛차 젤리를 담는다.

○ 딸기 밀크 맛차

맛차에 딸기의 산미와 향기를 더합니다.

재료
(2잔 분량)

맛차 2g
└ 사진은 와코 사용
설탕 10g
뜨거운 물 10mL
물 60mL
딸기 60g
설탕 10g
우유 100g
얼음 적당량

만드는 법

1 체로 쳐낸 맛차에 설탕과 뜨거운 물을 넣고 다선으로 잘 갠다.

2 물을 붓고 다선으로 거품을 만들어 잔에 따른다.

3 믹서에 딸기, 설탕, 우유를 넣고 간다.

4 2의 잔에 3을 붓고 기호에 따라 얼음을 넣는다.

tip. 신선한 딸기가 없을 때는 딸기잼과 우유(딸기잼 70g, 우유100g)로도 맛있게 만들 수 있습니다. 딸기가 제철일 때 작은 알갱이의 딸기를 씻어 꼭지를 자르고 딸기 무게의 40%의 설탕과 약간의 레몬즙을 넣고 조려 잼을 만듭니다. 딸기에 설탕을 뿌려 하룻밤 재웠다가 조리면 딸기 모양이 그대로 남습니다.

○ 맛차 소다

맛차의 쌉싸름한 맛과 진하고 옅은 녹색이 예쁜 모히토 같은 소다 음료입니다.

재료
(2잔 분량)

맛차 2g
└ 사진은 와코 사용
와산본토 또는 설탕 10g
뜨거운 물 10mL
민트 2g
무가당 탄산수 100mL
얼음 적당량
장식용 민트 적당량

만드는 법

1 체로 쳐낸 맛차와 와산본토(설탕)에 뜨거운 물을 붓고 다선으로 개어 푼다.

2 잔에 1의 맛차와 민트를 넣고 탄산수를 붓는다.

3 얼음을 넣고 민트로 장식한다.

○ 맛차 핫초콜릿

맛차와 세미 스위트 초콜릿의
달콤쌉싸름한, 어른스러운 조합.

○ 맛차 라테

맛차에 감귤 껍질의 향기를 더하면
깜짝 놀랄 만큼 좋은 향기가 납니다.

| 맛차 핫초콜릿

재료
(1~2잔 분량)

맛차 2g
└ 사진은 와코 사용
뜨거운 물 70mL, 세미 스위트 초콜릿 20g
뜨거운 물 70mL, 생크림 40g

만드는 법

준비
○생크림을 거품 내 짤주머니에 넣는다.
○장식용 초콜릿을 잘게 썬다.

1 체로 쳐낸 맛차에 뜨거운 물 70mL를 붓고 격불한다.
2 세미 스위트 초콜릿에 뜨거운 물 70mL을 붓고 거품기로 섞어 녹인다.
3 예열한 잔에 2를 넣고 1의 맛차를 붓는다.
4 생크림을 짜서 올린다.

| 맛차 라테

재료
(1잔 분량)

맛차 2g
└ 사진은 와코 사용
물 10mL, 우유 또는 두유 120g, 레몬 껍질 깎은 것 2장, 와산본토 또는 설탕 5g, 장식용 레몬 껍질 간 것 적당량

만드는 법

1 체로 쳐낸 맛차에 물을 붓고 개어 섞는다.
2 냄비에 우유를 붓고, 레몬 껍질과 와산본토를 넣고 김이 날 때까지 가열한다.
3 1에 2를 붓고 다선으로 격불한다.
4 장식용 레몬 껍질을 뿌린다.

7

일본 홍차 레시피

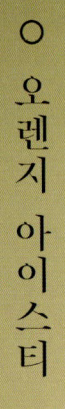
오렌지 아이스티

끓이지 않은 물로 우린, 색이 말갛고 깨끗한 일본 홍차에 오렌지를 넣기만 하면 끝. 오렌지를 얼마나 넣어 두는지에 따라 맛이 변합니다. 제철이 되면 에히메현 우와지마의 타로코 오렌지로 자주 만듭니다. 오렌지 껍질은 오렌지필로 만들어 과자를 만들 때도 사용합니다.

재료
(만들기 쉬운 분량,
약 5잔 분량)

오렌지 150g
설탕 25g
끓이지 않은 물로 우린 일본 홍차 500mL
ㄴ 사진은 하루츠마미 사용

만드는 법

준비
о끓이지 않은 물로 우린 일본 홍차를 만들어 둔다.

1 오렌지는 껍질을 벗기고, 작게 한 입 크기로 자른다.

2 1의 오렌지와 설탕 25g을 끓이지 않은 물로 우린 일본 홍차에 더해 잘 섞는다.

○ 비파 홍차

비파주는 비파로 만들지만 살구 향이 나서 일본 홍차를 넣으면 굉장히 맛있습니다. 일본 홍차와 과실주는 궁합이 좋으니 좋아하는 과실주로 다양한 홍차를 만들어 보세요.

○ 금귤티

요리 교실에서 소개해 드렸더니 거의 모든 분이 집에서 몇 번이고 만들어 본 금귤 마리네. 과자에 곁들이거나 요거트에 넣어도 좋습니다. 일본 홍차에 넣으면 스푼으로 떠먹으며 마십니다.

| 비파 홍차

재료
(2잔 분량)
일본 홍차 5g
└ 사진은 모모카 프리미엄 리프 사용
뜨거운 물 240mL
비파주 1큰술(또는 기호에 맞는 분량)

만드는 법
준비 비파주를 만들어 둔다.

1 일본 홍차를 분량에 따라 우린다(20~21쪽 참조).
2 예열한 잔에 일본 홍차를 따르고 비파주를 더한다.

비파주

재료(만들기 쉬운 분량)
비파 500g, 얼음설탕 300g, 과실주용 소주(담금주) 750mL

만드는 법
1 입구가 작은 깨끗한 병에 비파와 얼음설탕을 넣고 소주를 붓는다.
2 표면을 랩으로 꼼꼼히 싸서 뚜껑을 덮고 3개월 이상 둔다.

| 금귤티

재료
(2잔 분량)
일본 홍차 6g
└ 사진은 베니하카리 사용
뜨거운 물 240mL, 금귤 마리네 기호에 따라서

만드는 법
준비 금귤 마리네를 만들어 둔다.

1 일본 홍차를 분량에 따라 우린다.
2 예열한 잔에 금귤 마리네를 넣고 1을 더한다.

금귤 마리네

재료(만들기 쉬운 분량)
금귤 100g, 꿀 30g

만드는 법
1 금귤은 얇게 원형으로 잘라 씨를 제거한다.
2 1을 용기에 넣고 꿀을 부어 하룻밤 재운다. 냉장고에서 보존하고 일주일 이내로 사용한다.

○ 흑당 한천이 들어간
  대만식 밀크티

밀크티에 검은색 타피오카를 넣은 대만 차를 일본 홍차와 흑당 한천으로. 굳힌 흑당 한천을 작게 잘라 스트로우로 빨아들이면 은은한 단맛이 퍼집니다.

재료

흑당 한천(약 4인분)

물 200mL
가루 한천 2g
흑당 40g

밀크티(2잔 분량)

일본 홍차 6g
└ 사진은 모모카 프리미엄 리프 사용
뜨거운 물 100mL
설탕 5g
얼음 100g
우유 40g

만드는 법

1 냄비에 물과 가루 한천을 넣고, 주걱으로 저으면서 약불에서 끓인다. 끓어오르면 흑당을 넣고 저으면서 2분간 졸인다. 용기로 옮겨 담아 한 소끔 식힌 뒤 냉장고에 넣고 굳힌다.

2 포트에 일본 홍차를 넣고 뜨거운 물을 부어 뚜껑을 덮고 2분간 우린다.

3 일본 홍차에 설탕을 넣어 녹인 뒤 얼음을 넣고 잘 섞어서 차갑게 식힌다.

4 글라스에 1cm로 자른 1의 흑당 한천을 적당히 넣고 일본 홍차와 우유를 따른다.

○ 딸기 밀크티

딸기의 새콤달콤한 향이 일본 홍차에 녹아듭니다. 얇게 썬 딸기를 폭신폭신한 우유 거품에 올려 드세요.

○ 초콜릿 밀크티

부드럽고 순한 풍미의 일본 홍차는 밀크 초콜릿과 잘 어울립니다. 우유 거품 위에 말린 수레국화나 오랜지 혹은 레몬 껍질을 장식하면 색다른 느낌이 납니다.

| 딸기 밀크티

재료
(2잔 분량)

딸기 30g, 일본 홍차 6g
ㄴ 사진은 하루츠마미 사용
물 180mL, 설탕 10g, 우유 60g, 장식용 딸기 1개

만드는 법

1. 딸기의 꼭지를 따고 얇게 저민다.
2. 냄비에 물을 넣고 끓인 뒤 일본 홍차, 딸기, 설탕을 넣고 뚜껑을 덮어 2분간 둔다.
3. 예열한 잔에 2를 거름망으로 걸러서 따른다.
4. 작은 냄비에 우유를 데우고, 거품기(다선, 밀크 워머) 등으로 거품을 내 3의 표면에 살포시 붓는다. 장식용 딸기를 얇게 잘라 올린다.

| 초콜릿 밀크티

재료
(2잔 분량)

일본 홍차 6g
ㄴ 사진은 모모카 프리미엄 리프 사용
물 120mL, 우유 120g , 밀크 초콜릿 20g, 우유 80g
장식용 말린 수레국화 약간

만드는 법

1. 냄비에 물과 일본 홍차를 넣고 중불에서 끓인다. 끓으면 불을 끄고 뚜껑을 덮어 1분간 두고, 우유 120g을 더해 데운 뒤 거름망으로 거른다.
2. 예열한 잔에 밀크 초콜릿을 넣고 1을 부어 섞는다.
3. 우유 80g을 데워 거품을 내고, 2의 위에 붓는다.
4. 말린 수레국화를 장식한다.

tip. 좋아하는 허브나 홍후추, 베르가모트 등의 껍질을 갈아 장식해도 좋습니다.

8

일본차를 사용한 요리

끓이지 않은 물에
우려낸 차를 와인처럼

일본차를 와인처럼 와인 글라스 등에 따라 요리와 함께 내놓는 레스토랑이 늘어났습니다. 보는 것뿐만 아니라 차 자체의 맛이 요리를 돋보이게 해서 소믈리에들이 맛을 인정하게 되었지요.

○ 일본 홍차×스테이크와 감자튀김

소고기 스테이크를 굽고 감자튀김을 곁들인 접시에 봄에 수확한 일본 홍차를 더해봅니다. 일본 홍차의 단맛이나 향이 고기 맛을 돋보이게 합니다. 레드 와인을 떠올리게 하는 요리에는 일본 홍차도 잘 어울립니다.

재료
(1인분)

스테이크

등심 150g
소금 약간
후추 약간
올리브 오일 1작은술
씨머스터드 1작은술

감자튀김

감자(중간 크기) 2개
미강유 적당량
소금 약간

만드는 법

1 고기에 소금, 후추를 뿌리고 달군 프라이팬에 올리브 오일을 둘러 양면으로 굽는다. 고기가 두꺼울 경우 한 번 꺼내 3분 정도 두었다가 다시 굽는 방법으로 두께에 맞게 여러 번 반복해서 구우면 적당히 잘 구워진다.

2 감자는 통째로 쪄서 껍질을 벗기고 스틱형으로 자른다. 완전히 식혀 고온의 미강유에서 튀기면, 속은 달고 부드러우며 겉은 바삭해진다. 마지막으로 소금을 뿌린다.

3 스테이크와 감자튀김을 담아 씨머스터드를 곁들인다.

tip. 스테이크 대신 로스트비프도 잘 어울립니다. 곁들인 홍차는 하루츠마미를 끓이지 않은 물에 우린 것입니다.

○ 가마이리세타마녹차×생선 소테

가마이리세타마녹차는 은은하게 퍼지는 달콤한 향과 깔끔한 풍미, 싱그럽고 프레시한 맛이 특징입니다. 흰 살 생선이나 연어의 소테 또는 그릴에 굽는 심플한 요리에 곁들이면 좋습니다. 화이트 와인을 떠올리게 하는 요리에는 가마이리세타마녹차가 잘 어울립니다.

재료
(1인분)

흰 살 생선(농어나 도미 등) 1조각
소금 약간
후추 약간
올리브 오일 2큰술
호박 2조각
아스파라거스 2개
딜 1개
화이트 와인 1큰술
생크림 1큰술

만드는 법

1 생선에 소금, 후추로 밑간을 한다. 프라이팬에 올리브 오일 1큰술을 두르고 껍질부터 살짝 앞뒤로 굽는다.

2 오븐용 트레이에 1의 생선, 호박, 아스파라거스, 딜을 놓고 올리브 오일 1큰술을 돌려가며 끼얹고 200℃ 오븐에서 10~15분간 굽는다.

3 생선을 구웠던 트레이에 화이트 와인과 생크림을 넣었다가 긁어내서 프라이팬에 넣고 조려서 소스를 만들어 생선에 끼얹는다.

tip. 소스 대신 레몬을 짜 넣는 것만으로도 맛있습니다. 곁들인 차는 사키미도리를 끓이지 않은 물에 우려낸 것입니다.

○ 센차×커민 풍미의 양배추 키슈

후카무시센차나 센차, 무시세타마녹차는 쓴맛이 없습니다. 달착지근하고 농후하며 프레시한 싱그러움이 매력입니다. 키슈 등의 버터 향이나 생크림, 치즈 요리에 곁들이면 산뜻한 맛을 느낄 수 있습니다.

재료 (1인분)	파이 생지	필링	아파레이
	박력분 60g 강력분 60g 소금 2g 버터(무염) 75g 물 45g	양배추 1/2개 치즈 50g 베이컨 80g 커민 1/2작은술	달걀 2개 생크림 90g 우유 90g 소금 1/2작은술 후추 약간

만드는 법

1 박력분, 강력분, 소금, 버터를 푸드 프로세서로 한데 섞어 파이 생지를 만든다. 생지에 찰기가 돌면 물을 넣고 골고루 섞은 뒤 랩을 씌워 냉장고에 넣고 30분간 차갑게 한다.

2 밀가루(분량 외의 강력분)를 뿌린 조리대 위에서 2mm의 두께로 둥글게 밀어 망케틀에 넣은 뒤 냉장고에 넣고 2시간 동안 숙성시킨다.

3 2의 위에 오븐페이퍼를 깔고 누름돌을 올려 200℃로 예열한 오븐에서 20분, 오븐페이퍼와 누름돌을 제거하고 다시 10분 정도 굽는다. 생지가 식으면 틀에서 꺼낸다.

4 3의 오븐페이퍼를 다시 틀에 깔고, 그 위에 구운 생지를 넣는다. (다 구운 뒤 오븐페이퍼째로 키슈를 들어 올리면 부서지지 않고 꺼내기 쉽다.)

5 양배추 1/2개는 심지째 빗살무늬 모양으로 6등분해서 전자레인지(600w)에서 6분간 돌려 말랑말랑하게 만든다.

6 4의 반죽에 치즈 50g(기호에 따라 슈레드, 그뤼에르나 에멘탈, 또는 피자용 믹스 등)을 간다. 양배추를 꽃처럼 겹쳐서 올리고, 베이컨을 끼워 넣는다. 커민을 듬뿍 뿌린다.

7 믹싱 볼에 아파레이의 재료를 넣고 섞은 뒤 거름망으로 걸러 6에 붓고, 160℃로 예열한 오븐에서 45분간 굽는다.

8 오븐페이퍼째로 틀에서 꺼내 식힘망 위에 올려 식힌다.

○곁들인 차는 소노기차 아사츠유를 끓이지 않은 물에 우려낸 것.

○ 호지차 × 쑥갓과
　베이컨의 케이크 살레

채소가 듬뿍, 오일 베이스의 쑥갓 케이크 살레 같은 채소가 주역인 요리에는 호지차의 구수한 맛과 단맛이 깊이를 더합니다. 직접 호지차를 만들어 쓸 경우 살짝 볶는 게 좋습니다.

재료
(1인분)

생지

두유 60g
설탕 10g
소금 1작은술
데친 쑥갓 60g
달걀 1개
올리브 오일 40g
박력분 100g
베이킹파우더 1작은술

베이컨 3장
슬라이스 치즈 2장
토마토 2개

준비
틀에 오븐페이퍼를 깐다. 오븐은 170℃로 예열한다.

만드는 법

1 두유, 설탕, 소금, 데친 쑥갓, 올리브 오일을 믹서로 갈아 퓌레를 만든다.

2 믹싱 볼에 달걀을 풀고 1의 퓌레를 넣어서 섞는다. 여기에 박력분과 베이킹파우더를 체로 쳐서 넣어 섞는다.

3 생지의 반 정도를 틀에 넣고 베이컨, 슬라이스 치즈, 얇게 썬 토마토의 절반을 각각 겹쳐 올리고 남은 생지를 넣어 평평하게 하고 남은 베이컨, 슬라이스 치즈, 얇게 썬 토마토를 겹쳐 올린다.

4 170℃의 오븐에서 40분간 굽는다. 굽기가 끝나면 오븐페이퍼째로 틀에서 꺼내 식힘망 위에서 식힌다.

○ 곁들인 차는 반발효 호지차. 끓이지 않은 물에 우려도 뜨겁게 우려 식혀도 좋습니다.

호지차와 센차를 이용한
쌀 요리

일본차 풍미를 살린 쌀 요리 아이디어를 소개합니다.

○ 호지차 오니기리

재료
(약 9개 분량)

호지차 10g
└ 사진은 호지차 100 / 차의 잎을 사용
뜨거운 물 500mL
쌀 2컵
소금 한 꼬집
다시마 적당량
프로세스치즈 15g
매실 장아찌 3개

만드는 법

1. 쌀을 씻어 조리에 받친다.
2. 호지차를 우린다(20~21쪽 참조).
3. 호지차가 식으면 전기밥솥에 1의 쌀, 소금과 같이 넣고 섞어 밥을 한다.
4. 밥이 완성되면 바로 1/3 정도의 양에 다시마를 넣어 섞고 뜸 들인다.
5. 오니기리 9개를 만든다. 치즈는 개당 5g을 작은 조각으로 잘라 밥에 넣어서 살짝 섞어 뭉치고, 손가락으로 비빈 호지차(분량 외)를 장식한다. 매실 장아찌는 가운데에 적당량을 넣어 뭉쳐 만든다.

tip.

은은하고 구수한 호지차 밥으로 만드는 소박한 오니기리. 구운 오니기리로 하거나 김을 둘러도 맛있습니다.

○ 센차 리조또

재료
(2인분)

주키니 100g(1/2개분)
치킨 스프 300mL
밥(고슬고슬하게 지은 밥) 200g
올리브 오일 1큰술
후카무시센차 4g
ㄴ 사진은 사에미도리 사용
파르메산 치즈 20g

완성용

파르메산 치즈 10g
올리브 오일 1작은술
후카무시센차 두 꼬집

만드는 법

1. 주키니는 2mm로 둥글게 썬다.
2. 냄비에 치킨 스프를 넣고 끓으면 밥, 주키니, 올리브 오일을 넣고 밥이 스프를 흡수해서 반으로 줄어들 때까지 끓인다.
3. 찻잎 4g을 넣고 한 번 섞은 뒤 파르메산 치즈를 넣고 섞는다.
4. 그릇에 담고 완성용 치즈와 올리브 오일을 뿌린다. 마지막으로 찻잎을 손가락으로 비벼 뿌린다.

tip. 빨리 만들 수 있고, 차를 통째로 먹을 수 있습니다.

교쿠로 찻잎을 사용한 요리

교쿠로를 세 번 우려낸 후의 찻잎을 사용합니다.
교쿠로의 찻잎은 부드러운 채소 같아 찻잎의 영양을
통째로 즐길 수 있습니다.

○ 츠쿠다니   ○ 시라아에

| 츠쿠다니

재료
(만들기 쉬운 분량)

잔멸치 적당량, 라이스 밀크 약간
교쿠로 찻잎(8g의 찻잎으로 세 번 우려낸 것) 40g
ㄴ 사진은 고코 사용
간장 10g, 미림 10g, 물(또는 육수) 20g

만드는 법

1 작은 냄비에 라이스 밀크와 잔멸치를 넣고 볶는다.
2 교쿠로 찻잎, 간장, 미림, 물을 넣고 수분이 없어질 때까지 졸인다.

Tip.

갓 지은 밥 위에 올려 오차즈케로 해도 맛있습니다.

| 시라아에

재료
(2인 분)

교쿠로 찻잎(8g의 찻잎으로 세 번 우려낸 것) 40g
ㄴ 사진은 고코 사용
소금 한 꼬집, 당근 1/3개, 다시 간장 1큰술
두부 80g
ㄴ 천으로 싸서 물기를 제거한 것
흰깨 페이스트 10g, 흰깨 적당량

만드는 법

1 믹싱 볼에 찻잎, 소금을 넣고 섞는다.
2 당근을 성냥개비 정도의 크기로 채 썰어 살짝 데친다.
3 다른 믹싱 볼에 물기를 제거한 두부와 다시 간장, 흰깨 페이스트를 넣고 섞어 매끄럽게 만들고, 1의 찻잎과 2의 당근을 더해 무친 뒤 흰깨를 뿌린다.

○ 포테이토 샐러드 토스트   ○ 한입 부침개

| 포테이토 샐러드 토스트

재료
(2인 분)

감자 200g(중간 크기 2개)
교쿠로 찻잎(8g의 찻잎으로 세 번 우려낸 것) 40g
└ 사진은 고코 사용
마요네즈 30g, 플레인 요거트 2작은술, 소금 약간
후추 약간, 얇게 썬 빵 2장, 버터 적당량
삶은 달걀 1개, 양파 20g

만드는 법

1 감자는 껍질을 벗기고 부드러워질 때까지 찐 뒤 한 입 크기로 자른다. 양파는 얇게 썰어 잠시 물에 담갔다가 키친타월로 물기를 제거한다.

2 믹싱 볼에 1의 감자와 양파, 찻잎, 마요네즈, 플레인 요거트, 소금, 후추를 넣고 무친다.

3 얇게 썬 빵을 잘 굽고 버터를 바른 뒤 2의 포테이토 샐러드와 6등분으로 자른 삶은 달걀을 올린다.

| 한입 부침개

재료
(2인 분)

감자 120g(껍질을 벗겨 간 정미)
박력분 30g, 소금 두 꼬집
교쿠로 찻잎(8g의 찻잎으로 세 번 우려낸 것) 40g
└ 사진은 고코 사용
벚꽃새우 10g(없을 경우 생략 무방)
참기름 2작은술

만드는 법

1 믹싱 볼에 갈아 둔 감자와 박력분을 넣고 섞는다. 소금을 넣어 섞은 뒤 찻잎과 벚꽃새우를 넣고 한 번 더 반죽한다.

2 프라이팬을 달궈 참기름을 두르고 2의 반죽을 한 입 사이즈로 만들어 굽는다. 한 번 뒤집어 양면을 바삭하게 굽는다.

tip. 그대로도 맛있지만, 폰즈나 양념간장에 찍어 먹어도 맛있습니다.

교쿠로에 대해서

최근 들어 좀 특별한 차의 페트병에 '교쿠로 첨가'라고 쓰여 있어 교쿠로를 센차의 한 종류인 고급 차라고만 생각할지도 모르겠습니다. 하지만 센차처럼 교쿠로를 우리는 것은 아까운 일입니다. 교쿠로를 맛있게 우리는 법을 소개하겠습니다.

찻잎이 뜨거운 물을 제대로 흡수하고 풀어져서 맛이 우러나오도록, 양손으로 감쌀 수 있을 정도의 작은 다관을 사용합니다. 교쿠로 8g(3인분이 적당)을 넣고, 한 번 우릴 때마다 뜨거운 물을 50mL씩 부어 세 번 우립니다.

처음 우릴 때는 뜨거운 물 50mL를 50℃로 식혀 다관에 붓고 뚜껑을 덮은 뒤 2분간 기다렸다가 찻물만 따라냅니다. 부리에서 나오는 차의 양이 적기 때문에 작은 사기잔보다 좀 더 작은 찻잔에 따라 마시는 게 맛있게 느껴집니다. 조금밖에 마시지 못할 것 같은 농후한 감칠맛이 가득하고, 진하게 오랫동안 입안을 맴도는 맛으로 지금까지 교쿠로를 마셔본 적 없는 분은 생각했던 맛과 향과 전혀 달라 깜짝 놀라실 겁니다. 두 번째는 60℃에서 1분, 세 번째는 70℃에서 1분간 우립니다. (이것보다 적은 양으로 우리면 잘 우러나지 않는 경우가 있습니다.)

교쿠로의 잎은 맛차와 같은 방법으로 재배하기 때문에 맛차 산지에서 많이 만들어집니다.

여러 설이 있지만 맛차용으로 키운 차의 잎을 센차처럼 만들어 본 것이 교쿠로의 시초라는 설이 있습니다. 재배하고 있는 차의 잎을 따기 최소 2주일 전에 차나무 위에 차광막을 씌워 그늘 밑에서 키우기 때문에 찻잎을 따는 시기에는 다른 센차보다도 훨씬 감칠맛이 많은 차로 자랍니다. 감칠맛이 많은 특징을 충분히 느끼려면 상당히 낮은 온도의 물로 우려야 합니다.

세 번 정도 우리면 점차 산뜻하고 예쁜 녹색으로 풀어진 찻잎이 보기에도 맛있어 보입니다. 교쿠로를 다 마시고 남은 찻잎은 먹어도 맛있고, 채소 같은 느낌으로 요리에도 사용할 수 있습니다. 폰즈를 붓기만 해도 간단한 요리가 됩니다. (위와 같이 세 번 우려낸 찻잎은 약 40g이 됩니다.)

끓이지 않은 물에 우려내는 경우, 교쿠로 10g에 물 500mL를 부어 냉장고에서 12시간 동안 우립니다.

9

혼마 세츠코가 일본차를 즐기는 방법

내가 애용하고 있는 다도구

차를 좋아하게 되면 차를 우리는 도구도 사용하기 쉽고 맛있게 우릴 수 있는 좋은 물건이 갖고 싶어집니다.

좋은 다관과 적당한 크기의 찻잔이 있으면 보다 더 맛있게 차를 우릴 수 있습니다. 다관을 고를 때 반드시 확인해야 할 부분은 부리 끝에 붙어 있는 거름망입니다. 찻잎을 제대로 거르는 데 가장 중요한 부분이라 작은 구멍이 안쪽에서 바깥쪽을 향해 많이 열려 있는 것을 찾습니다. 살짝 둥근 형태의 다관에 차가 잘 들어갑니다. 들기 쉽고 적당한 크기의 다관을 사용하면 정갈하게 차를 우릴 수 있습니다.

저는 도코나베야키常滑燒를 애용하고 있습니다. 차茶 상점에 진열되어 있는 것들 가운데 검은색에 심플한 것을 골랐습니다(1, 2). 흑갈색은 미즈노 히로시水野博司 씨의 작품으로 꽤 많은 양이 들어가지만 고운 찻잎도 잘 걸러서 우릴 수 있습니다(3). 흰색은 작은 다관인데 교쿠로를 우리거나 우롱차를 우릴 때 자주 사용하는 야마시타 마키山下眞喜 씨의 작품입니다(4).

손잡이가 긴 스푼(5)은 덴마크의 카이 보예센 제품으로 차를 뜨거나 계량할 때 애용하고 있습니다. 편구나 저그로도 사용하고 있는 숙우(물 식힘 그릇)(6)는 야마시타 마키 씨의 작품. 차통(7)과 맛차를 쳐낼 때 쓰는 체(8)는 온오프라인 매장을 운영하는 차노하茶の葉에서 구입했습니다.

타이머(9)는 무인양품. 거름망(10)은 대나무 손잡이가 마음에 들어

파리의 홍차 가게에서 구입한 것입니다.

    센차를 마실 때 사용하는 찻잔은 차의 색이 돋보이도록 안이 희고, 섬세한 맛이 느껴지도록 얄팍하고, 조금씩 마실 수 있도록 용량은 60~70mL정도인 것을 쓰고 있습니다. 호지차 등 뜨거운 온도로 가득 부어 마시는 차는 소박하고 다소 두께가 있는 찻잔도 있으면 편리합니다. 찻잔은 마시는 용도뿐만 아니라, 물의 양을 계량하거나 물의 온도를 내리는 도구로도 사용합니다.

    작은 찻잔은 야마시타 미키 씨(11), 하나오카 리쿠花岡隆 씨(12), 덴마크의 도자기 디자이너 안느 블랙anne black 씨(13)의 작품입니다.

    나무로 만든 찻잔 받침(14)은 후쿠미츠야福光室에서 보물찾기 하듯 골라 구입했습니다. 유리 티 포트(15)는 콘란숍에서 구입한 것으로 뜨거운 물을 계량하거나 많은 양을 우릴 때 사용하고 있습니다.

기호에 맞는 차를 찾는 요령

　기호에 맞는 차가 있으면 차를 마시는 시간도 즐거워집니다.
　제가 운영하는 과자교실에서는 수업을 시작하기 전에 한숨 돌릴 겸 일본차를 내드리고 있습니다. 매번, 계절이나 날씨에 맞게 차와 우리는 방법을 달리하고 있습니다. 차분한 마음으로 정성을 다해 우린 차를 내놓으면 정말 맛있다는 이야기가 들립니다. 이어서 어떤 차인지, 어디서 구입했는지, 어떻게 우렸는지 등 여러 질문을 받으면 구입처를 알려드리거나 포장지를 보여드리는 등 즉석에서 티클래스가 시작되기도 합니다. 메모를 하시거나, 포장지를 사진으로 찍거나, 나중에 문의하시는 분들이 꽤 많습니다. 저도 어딘가에서 맛있는 차를 만나면 메모를 하거나 사진을 찍기도 합니다. 그럴 때는 품종, 차의 수색이나 맛의 인상 등을 기억해 두려 하고 있습니다. 그러면 좋아하는 차의 경향을 알게 되고 다음에 차를 고를 때도 참고가 됩니다. 구입처나 제조사를 안다면 바로 구입하는 것도 가능합니다.
　차의 구입처로 주목하고 있는 데는 장인 정신으로 차를 엄선하는 일본차 전문점입니다. 그 외에 최근 여러 지방에서 늘고 있는, 차를 코스 요리처럼 우려서 내거나 드리퍼로 차를 우리는 등 차 이외에도 도구의 센스나 퍼포먼스를 즐길 수 있는 일본차 카페나 상점입니다. 예쁜 잡화를 취급하는 곳에서는 센차 이외에도 지역색이 뚜렷한 개성 있는 번차도 다수 팔고 있기 때문에 눈을 뗄 수 없습니다. 대로변에 매장이 있지만 백화점 등에도 입점한 곳 또한 시간이 있다면 체크합니다. 또,

길에서 찻집을 발견할 때도 마음에 들면 들어가 봅니다.

자주 가는 마트에서도 차 코너는 반드시 둘러봅니다. 여행길에선 고속도로 등의 휴게소에 들러 그 지역의 차를 발굴하고자 시간을 들여 둘러보고 한 가지는 꼭 사서 돌아옵니다. 어느 쪽이든 홈페이지의 상세 설명을 참고하거나, 매장 직원에게 설명을 들으면서 고르면 만족도가 높아지리라 생각합니다.

차 관련 행사에 참가해서 찾아보는 것도 추천합니다. 〈일본차 어워드〉라는 새로운 일본차 품평회의 일환으로 열리는 〈TOKYO TEA PARTY〉라는 행사에서는 산지나 종류도 제각각인 일본차를 한눈에 볼 수 있습니다. 시음하며 천천히 고를 수 있고, 생산자에게 직접 문의할 수도 있으니 기호에 맞는 차를 찾기 쉽습니다. 그 외에도 많은 일본차 행사가 있으므로 꼭 한 번 가 보시길 바랍니다.

맛있는 차를 만나는 장소는 이외에도 여러 가지가 있다고 생각합니다만, 저는 장인 정신으로 운영하고 있는 일본차 전문점이나 행사에서 알게 된 생산자들에게 직접 구입하는 편입니다. 일본차 전문점에서 설명을 들으면서 나름대로 골라 산 차는 실패 없이 안심하며 마실 수 있고, 엄선한 다양한 차를 만날 수 있기 때문에 자주 찾고 있습니다. 생산자들에게 추천하는 차를 묻기도 하고 때로는 같은 것을 사지 않고 품종을 바꿔 사기도 합니다. 한번 마음에 든 차는 계속 마시고 싶기 때문에 탐색도 적당히 하고 충분히 소화할 수 있도록 너무 많이 사지 않도록 주의하고 있습니다.

믿고 구입할 수 있는 구입처가 한 군데 있으면 그곳에서부터 차의 세계는 넓어집니다. 일본차 클래스 등을 열고 있는 전문점은 차 관련 지식도 풍부하기 때문에 이것저것 묻거나 클래스에 참석하는 등 배우면서 자신이 좋아하는 차를 찾아보는 것은 어떨까요?

맛있는 차를 병에 넣어 선물용으로

포트럭 파티 등 모임이 있으면 직접 만든 음식이나 와인 등을 가지고 가는 경우가 많을 겁니다. 저는 직접 만든 과자와 과자에 어울리는 차나 주스, 탄산수 등을 준비하곤 합니다. 술을 마시지 않는 사람들이 늘어나고 있는데, 부담 없이 들고 가기 쉬운 술 외에 바로 마실 수 있고 받는 사람도 마음에 들어 할 음료는 그리 많지 않다고 생각합니다.

어느 날, 바로 마실 수 있게 우린 일본차를 병에 담아 선물용으로 판매하고 있는 것을 보았습니다. 그래서 저도 맛있는 일본차를 차갑게 우려 병이나 포트에 넣어 옅은 색의 예쁜 포장지나 리넨 등으로 싸 보았습니다.

일본차는 빛에 약하기 때문에 햇빛을 가리기 위해 짙은 색의 불투명한 병에 넣어 판매하는 경우가 많지만 직접 만들어 선물할 때는 투명한 병에 넣어 아름다운 수색을 눈으로 즐길 수 있게 하고 있습니다. 생수로 우린 차는 투명감도 있고 수색과 감칠맛에 만족하리라 생각합니다.

직접 우린 차를 가지고 갈 때 주의할 것은, 잡균이 없도록 깨끗이 씻고 소독한 병 등에 넣어 가서 바로 냉장고에 넣었다가 되도록 빨리 마시는 것입니다. 시판되는 것과 달리 방부제가 들어 있지 않기 때문에 안심하고 마실 수 있지만 오래 보존하는 것은 어렵습니다.

선물용으로는 일본 홍차, 가마이리세타마녹차, 교쿠로 등 이야깃거리가 있는 것, 수색이 예쁘고 마시기 쉬운 센차나 후카무시센차를 선택하고 있습니다. 138~142쪽의 차 리스트도 참고해 주세요.

티백으로 맛있는 차를 더욱 가깝게

과자를 선물할 때 함께 즐길 수 있도록 차를 곁들이곤 하지만, 잎차는 드시다 남기는 분들도 계신 것 같아 최근에는 티백을 드리고 있습니다. 가볍게 선물할 때도 티백이 좋습니다.

일본차 전문점에서 오리지널 티백을 팔기도 하고 유명한 찻집에서 인기 있는 차나 추천 차를 티백에 넣어 판매하는 경우가 늘고 있습니다. 이런 데는 포장이나 티백 디자인도 멋진 것이 많아 마음을 사로잡습니다. 또, 티백은 가격도 양도 적당하기 때문에 구입하기 쉽고 처음 마시는 차를 테스트하기에도 좋습니다.

제가 마실 것은 잎차를 사더라도, 선물용은 티백으로 골라서 상대가 차를 좋아하는지 어떤지 살펴보기도 합니다. 포장된 티백은 일정 기간 보존이 가능하므로 상비해 두면 언제든지 선물용으로 사용할 수 있기 때문에 편리합니다. 다양한 품종이 세트로 되어 있는 것은 맛을 테스트할 때 사용하기도 하고, 혼자 마시기 좋은 양으로 우릴 수 있고, 뒷정리도 편하고, 신경 써서 우리지 않아도 맛있습니다. 때로는 그렇게 대충 마시면서도 맛은 제대로 느끼고 싶을 때 애용합니다.

일본 홍차 모모카(이무라제차), 차노하 티백 세트,
한 번 우려낸 티백 센차 세트(시게츠엔)

혼마 세츠코가 주목하고 있는 일본차

이 책의 레시피에 사용한 차나 자주 마시고 있는
차 중 엄선한 32개를 소개합니다.

센차

후지카오리 藤かおり

- 특징 꽃 같은 향으로 수색은 녹색.
- 구입처
  (유)시게츠엔(有)思月園
  도쿄도 기타구 아카바네 1-33-6
  TEL 03-3901-3566 FAX 03-3902-3588
  영업 10:00~19:00 정기휴일 화요일
  www.teashop-shigetuen.la.coocan.jp

텐쿠노야마차 天空ノ山茶

- 특징 재래종의 차. 향이 나고 가볍고 깔끔하여 목 넘김이 좋다. 수색은 황녹색.
- 구입처
  (유)시게츠엔
  도쿄도 기타구 아카바네 1-33-6
  TEL 03-3901-3566 FAX 03-3902-3588
  영업 10:00~19:00 정기휴일 화요일
  www.teashop-shigetuen.la.coocan.jp

미야자키 오쿠미토리 みやざき おくみどり

- 특징 농후하고 단맛이 나는 질 좋은 차. 수색은 옅은 황녹색.
- 구입처
  이케다세이차 기타고차엔井ヶ田製茶北郷茶園
  미야자키현 니치난시 기타고쵸 고노하라오츠 2341-1
  TEL 0987-55-2240 FAX 0987-55-4188
  www.igeta-tea.net

코우 香駿

- 특징 향에 특징이 있으며 맛의 밸런스가 좋고 여운이 있다. 수색은 황녹색.
- 구입처
  (유)시게츠엔
  도쿄도 기타구 아카바네 1-33-6
  TEL 03-3901-3566 FAX 03-3902-3588
  영업 10:00~19:00 정기휴일 화요일
  www.teashop-shigetuen.la.coocan.jp

우지센차 코인 宇治煎茶 光印

- 특징 달고 부드럽다. 감칠맛이 농후하지만 질 좋은 차. 수색은 옅은 황녹색.
- 구입처
  쇼호쿠엔차텐松北園茶店
  교토부 우지시 고바타히가시나카 8번지
  TEL 0774-32-8105
  www.ujicha.com

후카무시센차

오오네지메산 사에미도리 大根占町産 さえみどり

- 특징 단맛과 감칠맛이 있고 부드럽고 싱그럽다. 수색은 깊은 녹색.
- 구입처
  (유)시게츠엔
  도쿄도 기타구 아카바네 1-33-6
  TEL 03-3901-3566 FAX 03-3902-3588

영업 10:00~19:00 정기휴일 화요일
www.teashop-shigetuen.la.coocan.jp

무시세타마녹차

교무노잇사 코사 霧曉の一茶 光彩

○ 특징 향도 맛도 산뜻하다. 수색은 녹색.

○ 구입처
가네토 미우라엔ヵネトウ三浦園
시즈오카현 시마다시 기리야마 1591-15
TEL/FAX 0547-45-2916
www.kanetoumiuraen.shop-pro.jp

소노기차 아사츠유 そのぎ茶 あさつゆ

○ 특징 프레시하고 단맛이 있지만 깔끔하고 투명감이 있다. 수색은 녹색.

○ 구입처
(유)차유(有)茶友
나가사키현 히가시소노기군 히가시소노기쵸 히토츠이시고 874
TEL 0957-47-0611 FAX 0957-47-1474

미키노하라츠유히카리 牧之原つゆひかり

○ 특징 단맛 속에 깊이와 감칠맛이 있고 마시기 쉽다. 수색은 깊은 녹색.

○ 구입처
(유)시게츠엔
도쿄도 기타구 아카바네 1-33-6
TEL 03-3901-3566 FAX 03-3902-3588
영업 10:00~19:00 정기휴일 화요일
www.teashop-shigetuen.la.coocan.jp

사에미도리 さえみどり

○ 특징 프레시하고 단맛이 있지만 깔끔하고 투명감이 있다. 수색은 녹색.

○ 구입처
(유)사이카이엔西海園
나가사키현 히가시소노기군 히가시소노기쵸 미네고 1349
TEL 0957-46-0072 FAX 0957-46-0487
www.saikaien.com/

사이노쿠 품종차 유메와카바
彩の国生まれの品種茶 ゆめわかば

○ 특징 산뜻하고 단 향. 수색은 깊은 녹색.

○ 구입처
차공방 히루마엔茶工房 比留間園
사이타마현 이루마시 가미야가누키 616
TEL 0120-51-4188 FAX 04-2936-4488
www.gokuchanin.com

야마기리 토쿠센고쿠죠인 やまぎり 特選極上印

○ 특징 깊이가 있고 부드러우며 감칠맛과 단맛이 있다. 수색은 깊은 녹색.

○ 구입처
(유)오카다 상회 (有)岡田商会
나가사키현 히가시소노기군 히가시소노기쵸 치와타 슈쿠이 1330-1
TEL 0120-47-0346 FAX 0957-47-1613
www.shokokai.or.jp/42/423211S0003

사이노쿠 품종차 사야마카오리
彩の国生まれの品種茶 さやまかおり

○ 특징 꽃 같은 향이 나고, 감칠맛과 맛있는 떫은맛이 난다. 수색은 깊은 녹색.

○ 구입처
차공방 히루마엔
사이타마현 이루마시 가미야가누키 616
TEL 0120-51-4188 FAX 04-2936-4488
www.gokuchanin.com

가마이리세타마녹차

혼야마노카오리차 코쥬 本山の香り茶 香寿

○ 특징 단 꽃과 같은 향이 나고 맛은 산뜻하고 부드럽다. 수색은 황녹색.

○ 구입처
마루다카 농원丸高農園
시즈오카현 시즈오카시 아오이구 고세토2413-1
TEL/FAX 054-278-1241
www.marutaka-farm.jp/

가마이리세타마녹차 코로기요우이치세이
釜炒り製玉緑茶 興梠洋一製

○ 특징 향이 좋고 부드럽고 산뜻하며 프레시한 느낌도 있다. 수색은 옅은 황녹색.

○ 구입처
(유)시게츠엔
도쿄도 기타구 아카바네 1-33-6
TEL 03-3901-3566 FAX 03-3902-3588
영업 10:00~19:00 정기휴일 화요일
www.teashop-shigetuen.la.coocan.jp

유기 가마이리차 사키미도리
有機釜炒り茶 さきみどり

○ 특징 향이 좋고 부드럽다. 목 넘김이 좋고 산뜻한 단맛이 난다. 수색은 황색.

○ 구입처
미야자키 차방宮﨑茶房
미야자키현 니시우즈키군 고카세쵸 다이지와쿠노우치 4966
TEL 0982-82-0211 FAX 0982-82-0316
www.miyazaki-sabou.com

우레시노 가마이리차 도쿠나가노토센
うれしの釜炒り茶 徳永の唐山

○ 특징 깔끔하고 구수하다. 수색은 황금색.

○ 구입처
주식회사 도쿠나가세이차株式会社 徳永製茶
사가현 우레시노시 우레시노마치 시모주쿠오츠 1938
TEL 0120-129-484
www.japaneseteashop.com

다카치호 가마이리차 텐카 高千穂釜炒り茶 天花

○ 특징 향이 좋고 부드럽다. 목 넘김이 좋고 산뜻한 단맛이 난다. 수색은 황색.

○ 구입처
이케다세이차 기타고차엔
미야자키현 니치난시 기타고쵸 고노하라오츠 2341-1
TEL 0987-55-2240 FAX 0987-55-4188
www.igeta-tea.net

호지차

반발효 호지차 半発酵のほうじ茶

○ 특징 프루티한 맛과 향. 수색은 갈색.

○ 구입처
마루다카 농원
시즈오카현 시즈오카시 아오이구 고세토2413-1
TEL/FAX 054-278-1141
www.marutaka-farm.jp/

가코 호지차 花香ほうじ茶

○ 특징 꽃과 같은 향이 나고 부드럽다. 수색은 갈색.

○ 구입처
미야자키 차방
미야자키현 니시우즈키군 고카세쵸 다이지와쿠노우치 4966
TEL 0982-82-0211 FAX 0982-82-0316
www.miyazaki-sabou.com

우지 호지차(텐차 첨가) 宇治ほうじ茶(てん茶入り)

o 특징 달고 기분 좋은 떫음도 느껴져 밸런스가 좋다. 수색은 옅은 갈색.

o 구입처
(유)시게츠엔
도쿄도 기타구 아카바네 1-33-6
TEL 03-3901-3566 FAX 03-3902-3588
영업 10:00~19:00 정기휴일 화요일
www.teashop-shigetuen.la.coocan.jp

호지차100(무농약) ほうじ茶100

o 특징 산뜻하고 달큰하며 편안해지는 맛. 수색은 갈색.

o 구입처
차노하茶の葉
가나가와현 요코하마시 아오바구 우츠쿠시가오카1-1-2 타마프라자 테라스게이트 1층
TEL 045-511-7515 FAX 045-511-7517
www.chanoha.info

고쿠죠 호지차 極上ほうじ茶

o 특징 잘 볶아 구수하고 호지차다운 맛이다. 수색은 옅은 갈색.

o 구입처
잇포도차포一保堂茶舗
교토부 교토시 나카교구 데라마치도오리 니죠아가루
TEL 075-211-3421 FAX 075-241-0153
영업 9:00~18:00
www.ippodo-tea.co.jp/

일본 홍차

손으로 딴 일본 홍차 하루츠마미 春摘み

o 특징 꽃향기가 나면서 프루티한 맛. 꿀처럼 부드럽다. 수색은 적갈색.

o 구입처
가네토미우라엔
시즈오카현 시마타시 기리야마 1591-15
TEL/FAX 0547-45-2916
www.kanetoumiuraen.shop-pro.jp

가네다니 홍차 모모카 프리미엄 리프
金谷和紅茶 ももか プレミアム リーフ

o 특징 과일 같은 향. 부드럽고 깊이도 있다. 수색은 적갈색.

o 구입처
이무라세이차 井村製茶
시즈오카현 시마타시 키쿠가와 686
TEL 0120-88-6788 FAX 0547-45-4306
www.imuraen.jp

가마이리 홍차 미나미사야카
釜炒り紅茶 みなみさやか

o 특징 프루티한 맛과 향, 단맛이 난다. 수색은 적갈색.

o 구입처
미야자키 차방
미야자키현 니시우스키군 고카세쵸 다이지와쿠노우치 4966
TEL 0982-82-0211 FAX 0982-82-0316
www.miyazaki-sabou.com

마루코 홍차 베니히카리 丸子紅茶 紅ひかり

o 특징 단맛이 나고 은은한 느낌에 감칠맛도 있다. 수색은 투명함이 있는 적갈색.

o 구입처
마루코 홍차 · 무라마츠 니로쿠 丸子紅茶 · 村松二六
시즈오카현 시즈오카시 스루가구 마루코 6775
TEL/FAX 054-259-3798
www.marikotea.com

교쿠로

우지교쿠로·고코우 宇治玉露 ここう

o 특징 단맛 속에 희미하게 쓴맛도 나며 농후하고 부드럽다. 낮은 온도에서 천천히 우려낸다. 수색은 옅은 녹색.

o 구입처
(유)시게츠엔
도쿄도 기타구 아카바네 1-33-6
TEL 03-3901-3566 FAX 03-3902-3588
영업 10:00~19:00 정기휴일 화요일
www.teashop-shigetuen.la.coocan.jp

야메덴토혼교쿠로 마레 八女伝統本玉露 稀

o 특징 달고 농후하며 부드럽고 산뜻하다. 수색은 녹색.

o 구입처
호시노세이차엔星野製茶園
후쿠오카현 야메시 호시노무라 8136-1
TEL 0943-52-3151 FAX 0943-52-5155
www.hoshitea.com

맛차

와코 和光

o 특징 부드럽고 달착지근하며 맛의 밸런스가 좋다. 수색도 신선한 녹색으로 매력적이다.

o 구입처
마루큐코야마엔 丸久小山園
교토부 우지시 오구라마치 데라우치 86번지
TEL 0774-20-0909
www.marukyu-koyamaen.co.jp

번차

도쿠시마현 가미카쓰쵸 아마번차
徳島県上勝町 阿波番茶

o 특징 산미가 강한 발효번차. 릴렉스하고 싶을 때 마시고 싶은 차이다. 수색은 갈색.

o 구입처
(유)시게츠엔
도쿄도 기타구 아카바네 1-33-6
TEL 03-3901-3566 FAX 03-3902-3588
영업 10:00~19:00 정기휴일 화요일
www.teashop-shigetuen.la.coocan.jp

이리번차 いり番茶

o 특징 연기에 그을린 향이 나고 진하고 구수하다. 수색은 깊은 갈색.

o 구입처
잇포도차포
교토부 교토시 나카교구 데라마치도오리 니죠아가루
TEL 075-211-3421 FAX 075-241-0153
영업 9:00~18:00
www.ippodo-tea.co.jp/

그 외

현미(무농약)

o 특징 구수하게 볶아 달착지근하다. 겐마이차나 과자의 토핑으로 사용한다.

o 구입처
차노하
가나가와현 요코하마시 아오바구 우츠쿠시가오카1-1-2 타마프라자 테라스게이트 1층
TEL 045-511-7515 FAX 045-511-7517
www.chanoha.info

도쿄식 홈카페

낯설지만 궁금한 일본차 심플 레시피 47

초판 1쇄 발행 2019년 7월 15일

지은이 혼마 세츠코
옮긴이 김정미
편집 한정윤
펴낸이 정갑수

펴낸곳 열린세상
출판등록 2004년 5월 10일 제300-2005-83호
주소 06691 서울시 서초구 방배천로6길 27, 104호
전화 02-876-5789
팩스 02-876-5795
이메일 open_science@naver.com

ISBN 978-89-92985-71-0 (13590)

잘못 만들어진 책은 구입하신 곳에서 바꾸어 드립니다.
값은 뒤표지에 있습니다.
열린세상은 열린과학 출판사의 실용·교양 브랜드입니다.

이 도서의 국립중앙도서관 출판예정도서목록(CIP)은 서지정보유통지원시스템 홈페이지 (http://seoji.nl.go.kr)와 국가자료공동목록시스템(http://www.nl.go.kr/kolisnet)에서 이용하실 수 있습니다.(CIP제어번호: CIP2019021683)